원장 리더십

- 영유아교육기관장의 자기경영 -

김혜경 지음

KNOWLEDGE COMMUNITY 공동체

프롤로그

이화여자대학교 사범대학 교육학과에 입학하여 공부를 시작한 이후 유아교육이라는 하나의 전공을 가지고 참으로 많은 일을 해보았다. 학생 때 그다지 학구적이지 못했던 사람이 박사과정, 석사과정, 학부, 전문대학, 평생교육원, 보육교사교육원의 학생까지 여러 대상을 만났던 교수생활을 비롯하여 서울특별시보육정보센터장, 보육교사교육원장, 양천삼성어린이집원장, CTS영유아문화원장 등 다양한 현장을 거쳐 지금은 영유아교육경영연구소를 운영하고 있다. 여러 차례 개인적인 사유에 의해 직장을 그만 두고도 일하고 싶을 때마다 새로운 직장을 구하거나 만들 수 있었다. 다양한 직장을 통해 다방면의 경험을 해볼 수 있었던 것은 영유아교육 분야라는 사회에 속했기 때문에 가능했다. 참 감사하다는 생각을 해본다. 많은 변화와 향상이 있었던 분야이기 때문에 더욱 그러하다.

저자가 대학 1학년생일 때 시작된 제5공화국 시절 유아교육의 붐이 일었고 당시의 은사님은 훗날 어린이집으로 통폐합되었던 새마을유아원이라는 기구를 전국에 설립하는 역사를 만들어 내셨다. 새마을유아원을 비롯하여 다양한 이름의 영유아교육기관들이 확장되었고 1991년 어린이집이라는 이름의 국가수준 기관으로 발전한다. 지금은 어린이집이라는 명칭의 영유아교육기관만 거의 사만 개소가 운영되고 있다. 유치원의 다섯 배에 달하는 기관 수를 보이고 있을 만큼 양적으로 팽창되어 있다. 국가수준의 영유아교육기관은 유치원과 어린이집으로 이원화되어 있지만 누리과정 등을 통해 공통의 교육과정을 학습하게 하려는 정책이 진행되고 있다. 앞으로는 교육과정과 같은 부분뿐만이 아니라 운영체계나 원장의 능력도 유사하게 요구될 것으로 전망된다.

대학을 졸업하고 참여했던 교사연수는 폐품을 이용하여 교구를 만드는 일이 포함되었고 주변의 물품들을 어떻게 하면 교육적으로 활용할까에 초점이 맞추어져 있었다. 현장의 교사들은 수업자료를 만들기 위해 바느질, 풀칠, 못질, 대패질 등의 '막노동' 까지 불사하며 밤새워 교구를 만들고 그 속에서 행복을 찾기도 하였다. 유아들의 교실에서는 생활 속의 모든 것이 융통성에 따라 교구가 될 수 있다는 모토 아래 교사의 능력이 강조되었다. 그 이후로도 대부분의 교육이나 연수는 교실 내 수업의 질 향상이 우선되어 왔다. 현재는 어느 곳에서도 상품화된 교구를 구입할 수 있다. 많은 업체들은 제도와 교육과정들이 변경될 때마다 발 빠르게 관련교구를 제작하여 판매하고 있다.

많은 연구들은 영유아의 학습과 발달에 중요한 영향을 미치며 영유아교육의 질을 결정하는 가장 중요한 요인으로 교원, 즉 원장과 교사를 들고 있다. 여전히 교실 내에서는 교사의 능력이 중요하지만 그 교사들을 이끌어줄 원장의 능력이 가장 많이 요구되는 시점에 와있다. 수업을 잘 할 수 있게 이끌어 줄 뿐만이 아니라 교사들에게 현장의 선배로서 좋은 롤모델이 되어 주어야 한다. 기관 내부에서는 서로 다르나 외부에서 보여지는 전체 교직원의 분위기가 서로 같은 경우를 볼 수 있다. 원장은 교사의 분위기를 좌우하며 교사는 학급의 분위기를 좌우하므로 기관 내에서 가장 큰 영향력을 갖는 사람은 원장이다.

영유아교육현장은 이직율이 높은 직장이다. 많은 교사들에게 이직 내지 퇴직하는 사유를 물어보면 닮고 싶은 선배가 없다, 늘 새로운 교구와 활동을 준비해야 하는 교사역할에 소진을 느낀다, 대충 하고 살려니 매너리즘이 싫다, 여러 가지 평가 때문에 문서 정리나 청결관리하느라 퇴근이 늦어서 싫다, 더 이상의 발전이 보이지 않는다 등의 답변을 하고 있다. 이러한 생각으로 교사가 현장을 떠나지 않으려면 원장인 우리가 좋은 실력과 성품을 갖춰야 한다. 교구와 활동의 선별을 용이하게 할 수 있도록 원내환경을 잘 갖춰줘야 한다. 매너리즘에 빠지지 않도록 직급별 교사교육과 동기유발에 힘써야 한다. 평가과정을 수월하게 거칠 수 있도록 운영체계를 세우고 업무관리를 해야 한다. 발전하는 직장이 될 수 있도록 분위기를 만들어 줄 수 있는 좋은 리더가 되어야 한다.

신입교사로 출발하여 경력이 쌓이면 승진에 필요한 보수교육이나 연수를 받고 직급이 올라가다보면 원장자격증을 소지하게 된다. 원장이 되어가는 과정에서 내 자신의 발전을 추구하는 일에 국한시키지 않고 앞으로 내가 이끌고 갈 조직에서 좋은 리더가 되기 위한 준비도 필요하다. 기존의 원장에게는 '나는 좋은 리더인가, 내가 꿈꾸던 리더로 살고 있는가' 자신을 돌아보고 점검하는 과정이 필요하다.

영유아교육기관의 원장으로 살아가기 위해 요구되는 리더십은 무엇일지 고민해보다가 좋은 리더의 조건을 세 가지 -시대에 적합한 혜안慧眼, 영유아와 교직원들에게 모범이 되는 성품, 내가 일하는 분야의 지식과 정보에 관한 실력- 로 요약하였다. 이 책의 구성도 세 가지 측면이 반영되어 서술되어 있다.

사십대 초반 지도자대학원에 다니면서 경영학과 교수님의 강의를 접하고 리더십에 흥미를 갖기 시작했다. 셀 수 없이 많은 리더십 이론을 접해보고 내린 결론은 '정답은 없다' 였다. 그래서 더욱 우리 현장의 리더십에 대해서 말해보고 싶었다. 지나온 시간들을 발판으로 형성된 생각들을 공유해보고 싶었다.

이론이나 정책에 관한 소개뿐만이 아니라 저자의 신변잡기나 사견도 첨가되어 집필되었다. 내 자신의 과거를 돌이켜 보면서 원장이 되기 전에 공부할 수 있었다면 미숙하게 행동하는 일도 없고 보다 유능하고 행복하게 일할 수 있었을까? 라는 자문을 던져 본다.

다양한 관심사에 대한 글쓰기를 시작하여 어느덧 37번째 책을 세상에 내보낸다.

공부하는 책이라기보다는 편안하게 읽으면서 원장이라는 위치에 있는 현재의 자신을 돌아보고 미소 짓거나 공감하고 쉬어가는 책이었으면 한다. 기관의 안과 밖에서 만나는 모든 사람, 즉 교직원, 부모, 원아, 방문하는 외부인, 지역사회에서 만나는 사람들에게서 존경받고 자신도 행복한 원장님들과 이 책으로 대화하고 싶다.

어느 멋진 날에 올림픽공원에서

차례

영유아교육현장이 바라는 리더십

제**1**장

영유아교육현장이 바라는 리더십

리더십은 대기업과 같은 큰 기관의 경영자들에게뿐만이 아니라 개인 생활의 영역에서도 강조될 만큼 여러 분야의 화두가 되고 있다. 단어 자체의 의미는 Leader+ship으로 배를 끌고 목적지까지 가는 것이라는 뜻이다. 사전적인 의미는 집단의 목표나 내부구조의 유지를 위하여 구성원이 자발적으로 집단활동에 참여하여 이를 달성하도록 유도하는 능력을 말한다. 리더십은 지도력 혹은 통솔력의 개념으로 이해할 수 있으며 좋은 방향으로든 나쁜 방향으로든 타인에게 영향을 미칠 수 있는 능력으로 풀이된다. 우리나라의 현 시점에서 영유아교육기관장에게 요구되는 리더십은 어떤 것인지 정리해보았다.

1. 질적 향상의 책임자

1) 우수한 프로그램

영유아교육기관이라는 조직은 그 구성원이 대부분 여성들과 영유아들로 이루어지는 만큼 기업이나 학교의 경영과는 다른 리더십이 요구된다. 국가정책의 다양한 변화, 출산율 저하로 인한 원아 수의 감소, 부모와 사회의 다양한 요구, 지나친 교육열이 부른 교육철학의 부재와 같은 여러 가지 요인들로 인하여 우리나라의 영유아교육이 여러 측면의 위기를 맞고 있는 현재, 원장의 비전이나 리더십은 기관에 보다 많은 영향을 미친다. 우리나라의 영유아교육은 국가적인 관심과 지원에 힘입어 급격한 양적인 성장을 이룩하였고 질적인 수준을 함께 향상시키려는 노력들이 수반되고 있다. 국가의 정책이나 여러 평가제도 같은 장치에 의해 많은 변화가 일어나고 있는 가운데 진정한 혁신은 실제적으로 경영하고 있는 원장들의 리더십을 통해 극복해야 할 시대적인 과업인 것이다.

우리나라의 영유아교육기관은 양적 팽창이라는 과업수행의 결과, 형태나 규모가 다양한 만큼 원장이 될 수 있는 자격기준도 다양하고 자격습득을 위해 교육받은 배경 역시 다양하다. 그럼에도 불구하고 영유아교육기관이라는 조직을 이끌어나가는 데 갖추어야 할 리더십은 몇 가지 공통점을 갖는다.

영유아교육기관은 원장, 교사, 영유아로 이어지는 수직적 관계와, 동료교사와의 수평적 관계 그리고 상부기관이나 지역사회 및 학부모와 관계를 맺고 있는 복잡한 조직이다. 영유아를 돌보는 원장 및 교사가 행하는 모든 활동이 영유아의 발달에 큰 영향을 미치므로 영유아교육의 질적 향상을 위해서는 원장이 전문적인 리더십을 갖추고 자신의 직업에 임해야 할 필요가 있다. 많은 기관이 소규모라는 이유로 일부에서는 원장을 전문직으로 인정하지 않으려는 경향이 존재하는 만큼 현재 원장직을 맡고 있는 사람들과 앞으로 희망하는 사람들이 자신에게 주어진 기관의 목표와 특성을 파악하고 적합한 리더십의 발휘를 통해 스스로 사회적 지위를 상승시키는 역할을 수행해야 할 것이다.

영유아교육기관의 원장은 기관의 총 책임자로서 운영 전반에 관하여 총괄적으로 기획, 관리하는 역할을 담당한다. 영유아의 발달을 이해하고 효과적으로 이들을 가르치는 데 필요한 지식뿐 아니라 예산 수립과 집행, 법규나 법령, 임금이나 교원의 복지, 영유아의 영양, 건강 및 안전 관리 등에 관한 지식도 가져야 한다.

원장에게 주어지는 업무의 정의에 대해 그동안 '운영', '경영' 이 혼용되어서 사용되어왔다. 대학의 교과목명이나 관련 텍

스트들의 명칭도 과거에는 주로 영유아교육기관 운영관리 혹은 그와 유사한 제목이었으나 최근에는 영유아교육기관 행정 및 경영, 영유아교육기관 경영관리라는 명칭이 사용되는 것을 볼 수 있다. 우리나라 현장에서 주로 운영이라는 개념으로 번역되어 사용되어왔던 management, 경영이라는 개념으로 사용되어 왔던 administration이 혼용되어 있는 것을 알 수 있다. 전자는 주로 술책, 처리, 지배, 수완과 같은 느낌의 경영이며 후자는 관리, 집행, 행정적 측면의 경영으로 해석된다.

원장은 기관의 설립목적을 달성하는 데 필요한 인적 · 물적 자원과 기술, 정보의 활용을 조정하고 통합하는 활동을 하는 사람이기 때문에, 영유아교육에서 적용되어야 할 원리나 준거에 따라 어떻게 효율적으로 경영할 것인가를 고려하면서 교육목적의 달성과정 전반을 포괄하여 경영과정에서 수행되어야 할 기본 방향을 제시하는 데 초점을 두어야 한다.

원장은 교육계획을 수립하고 이를 집행하기 위한 수단, 방법의 확보와 교육효과에 대한 평가, 지역사회와의 교류, 부모교육 및 교직원의 관리에 이르기까지 기관경영의 모든 부분에 영향을 미치게 된다. 원장이 새로운 정보와 이론에 관심을 가지면서 끊임없이 노력해야 하는 이유이다.

NAEYC의 보고서들(When babies and toddlers are in

childcare, accreditation is key to quality 등)에 의하면 다음과 같은 내용들이 질적으로 우수한 프로그램의 평가기준이 된다.

- 교사들과 성인들이 친절하고 반응적인가?
- 영유아들의 언어발달을 적극적으로 격려하고 확장시키는가?
- 영유아의 놀이를 격려하고 보살피는 하루일과를 학습의 기회로 이용하는가?
- 가족이 자신의 영유아를 사랑하듯이 영유아 개개인의 개성을 존중해 주는가?
- 영유아 발달과 학습의 원리를 이해하고 특별한 상황에서 적용하는 방법을 알고 있는가?
- 아주 어린 영유아의 개별적 요구를 수용할 수 있을 만큼 그룹의 크기가 작은가?(아기들의 경우 최소 2명의 성인과 6~8명보다 적은 그룹인가를 보라. 걸음마기 영아들은 최소 2명의 성인과 8에서 12명을 초과하지 않은 그룹인가를 보라)
- 영유아들이 안전하고 성취감을 느끼면서 활동할 수 있는 도전적인 활동들과 많은 놀잇감, 활동자료들이 준비되어 있는가?
- 부모들과 교사들이 영유아와 함께하고 있는 일들에 관하여 정기적으로 정보를 공유하고 있는가?

• 손씻기, 기저귀 갈기, 음식 먹기 등에 대한 지속적인 위생 관리와 영유아들의 건강과 안전에 관하여 주의깊은 관심이 있는가?

또 다른 보고서[Deborah Koshansky. "High-quality childcare : Luxury option or standard equipment?". Young Children, 52(2)]에서는 질적으로 우수한 영유아기관을 차량관리와 비유하여 서술하기도 한다.

• 등록 : 인가/ 프로그램에 대한 인준
• 안전벨트와 에어백 : 질병과 사고로부터 영유아를 보호하는 건강 및 안전 관리
• 연료 주입 시스템 : 영양이 풍부한 식사와 간식
• 반응적 운행 : 소그룹/ 영유아의 요구에 적절한 주의
• 충격 흡수 기제 : 성숙으로 향한 도로에서 거친 장소에 직면한 영유아를 위한 교사의 민감한 도움
• 스티어링 메커니즘 : 영유아의 호기심, 창의성, 문제 해결력 등을 잘 유도해 줄 수 있는 발달적으로 적합한 교육과정
• 오토매틱 트랜스미션 : 변화되는 영유아의 흥미에 따라 기어를 변속하는 교사의 능력

• 안전한 실내장식 : 영유아의 자아 존중감에 쿠션을 제공해 주는 교사의 미소, 포옹, 사랑
• 속도 제어 장치 : 영유아가 자아통제를 배울 수 있게 돕는 제한된 교실 구성과 전략
• 색과 스타일의 선택 : 각 영유아가 특별하고 독특하다고 느끼게 하는 환경
• 에어컨디셔너 : 실외놀이와 신체발달을 위한 기회들
• 신뢰감 : 교사의 이직률을 감소시키는 좋은 업무환경과 적정한 보수
• 고객만족 : 영유아를 위한 프로그램에 함께 참여하며 영유아의 성장에 동반자로서 교사에게 보이는 부모

위의 연구들을 보면 리더십의 이론들을 포함하고 있는 것을 알 수 있다. 리더십이 리더와 십의 합성어이며 배를 끌고가는 사람 같은 지도자를 의미하는데 자동차를 운전하는 자 역시 차에 타고 있는 모든 사람과 여건을 책임져야 하는 것이다.

▶ 현재 운영하고 있는 기관을 자동차로 보고 어느 부분이 취약한지 분석하여 개선점을 적어보자.

2) 시대에 적합한 철학과 적용

원장의 능력과 좋은 성품에 앞서 요구될 만큼 중요한 것은 시대를 보는 혜안慧眼이다. 원장의 심오한 철학에 기초하여 좋은 프로그램을 기획하고 실행한다 해도 시대적으로 적합하지 못한 운영방법은 기관의 수요자를 만족시키지 못하게 된다. 시대의 요청을 아집이나 오류를 통해 혼자만 잘못 해석하고 독불장군처럼 운영하는 일은 없어야 할 것이다. 어떤 현상을 자기 마음대로 활용하고 사는 것은, 버스나 지하철의 '노약자석'을 자신만의 어휘로 풀이하여 '**노**련하고 **약**삭빠른 **자**를 위한 좌석'으로 해석하고 당당하게 앉아 있는 것과 같다.

표준보육과정이 보급되기 시작하던 초기에 일부 어린이집에서 교실의 구성을 흥미영역이 아닌 목표영역으로 해놓고 일과를 진행하는 사례들이 있었다. 저자가 방문했던 한 어린이집에서도 쌓기, 역할, 미술, 언어, 수조작, 과학, 음률영역과 생활영역(낮잠, 급 · 간식 등을 위한)으로 구성해야 할 4세반 교실을 기본생활, 신체운동, 사회관계, 의사소통, 자연탐구, 예술표현의 6개 영역으로 이름표를 붙여놓고 있었다. 앞서가는 보육과정을 실천하고 있다는 홍보물까지 보여주며 자부심을 드러냈다. 그 여섯 가지 영역은 표준보육과정이 추구하는 바이며 교실은 놀이공간, 즉 흥미영역으로 구성해야 한다는 말을 해주는 과정이 참 난감했다. 원장은 자신의 기관에 적용되는 제도나 정책, 이론을 오류 없이 정확하고 바르게 이해해야 한다.

유아교육학이나 아동학을 공부하고 원장이 된 경우 아동중심의 철학을 근간으로 사고하면서 운영한다. 저자 역시, 어릴수록 기관에 머무는 시간이 길면 안 된다, 어릴수록 가정에서 엄마라는 주양육자의 사랑과 보호로 양육되어야 한다, 가능하면 일찍 데려가서 가족 간의 상호작용의 기회를 많이 가져야 한다 등등의 이론에 동의한다. 내 아이의 양육과정에서도, 비록 엄마가 원장인 기관이었지만 종일반에 두고 집단에서 장시간 생활하게 했던 사실이 가슴 한 켠에 죄의식처럼 존재하고 있다. 영유아들을 위한 기관은 집처럼 편안한 수준을 넘어 '집보다' 편해야 한다는 주장을 열심히 하는 이유이기도 하다.

우리들의 기관은 영유아들의 발달 특성과 바람직한 양육환경에 대해 알고 있지만, 장시간 원에 머무는 어린 영유아들을 교육하고 수요자인 부모들의 귀가시간까지 맡아 보호해야 한다. 우리나라의 보육서비스 혁신은 '일 가정 양립'이 주요 방향이기 때문이다(보건복지부 홈페이지 2011, 2012). 일 가정 양립을 위한 보육서비스 혁신의 내용에는 서민과 중산층 보육지원 확대, 보육서비스 품질 향상을 위한 인프라 확충, 맞벌이 가구 등을 위한 보육 서비스 다양화 등이 포함되어 있다.

일 가정 양립을 위한 정책의 일환으로 부모의 특성에 맞는 단축, 종일, 시간연장형으로 다양화된 일과를 통해 맞춤형 보육서비스 제공을 추진하고 있다.

일 가정 양립을 위한 안전한 양육환경 조성 및 출산 지원 서비스 방안은 다각적인 출산 지원 서비스 확대 등을 포함한다. 아이를 낳고 키우기 좋은 사회적 환경을 조성하기 위하여 아동안전

지킴이 집을 전국에 배치하고 있고 학교에는 학교보안관 제도가 있을 만큼 안전한 환경을 위해 노력하고 있다. 유아교육기관 역시 영유아들의 안전을 위하여 현관이나 출입문의 안전을 관리하여야 한다. 과거에는 지역사회에 언제든지 기관을 개방하는 열린 운영이 바람직한 것으로 여겨졌으나 정신질환자들의 소행 등으로 끔찍한 일들이 일어나고 있는 현대사회에서는 물리적 환경의 안전을 위해 잠금장치를 점검하여 문을 잠그고 CCTV를 설치하여 출입자를 파악해야 한다. 시대가 요구하는 관리영역이 점점 많아지고 그 성격도 변화되고 있는 것이다.

전국에 공공형 어린이집 사업을 실시하여 국 · 공립 수준의 보육 서비스 품질을 향상시키거나 평가인증 결과를 등급화하여 공개범위를 확대하고 기존의 지원을 평가인증과 연계하는 정책 등이 적용될 것이다. 이와 같은 시점에서 국가의 간섭과 통제가 싫기 때문에 평가인증을 받지 않고 내 나름의 특색 있는 기관을 운영하겠다는 배짱은 시대착오적인 것이다. 평가인증의 기본 취지에는 일정 수준이 되지 않는 시설은 도태시키겠다는 의지도 반영되어 있다고 보기 때문이다.

2. 수요자 중심의 마인드

원장으로 재직하고 있는 사람들은 교사를 거쳐 원장이 된 경우가 많다. 우리 사회에서 교사는 누군가를 가르치고 이끌며 보호하는 사람으로 인식되어 있고 대접 받는 직종이었기 때문에 권위적인 성향의 원장들을 많이 만날 수 있다. 몇 년 전 Z시의 평가단으로 위촉되어 우수시설 지정을 위한 평가업무를 하면서 만난 원장이 기관의 교사들에게 명령하는 모습이 떠오른다.

의사전달을 턱으로만 할 수 있다는 것을 알게 해준 사례였다. 기관의 일과가 진행되고 있는 시간이었지만 각 교실에 미칠 영향은 신경 쓰지 않고 원장이 직접 방송을 통해 교사들을 원장실로 불러들였고 즉각 뭐든지 실행하라고 명령했다. 턱을 오른쪽으로 내밀고 흔들면 차를 내왔고 앞쪽으로 내밀고 흔들면 모두 교실로 돌아갔다. 집에서도 자신을 중심으로 모든 일이 돌아가고 엄마가 잠들어 있는 시간에 불을 켜거나 소리를 내고 돌아다니는 일은 있을 수 없다고 자랑스럽게 말했다.

평가를 마치고 나오는 길에, 가족이나 직장의 부하인 교직원들이 얼마나 힘들게 살까라는 생각만 들었다. 우수시설로 선정되지 못했고 담당공무원들은 한동안 항의에 시달려야 했다. 그렇게 자기중심으로 살아야 하는 이유가 있을지도 모른다고 여러 측면에서 조망해봤지만 영유아를 대상으로 하는 기관의 원장으로 적합하지 않다는 생각이 변하지 않았다.

현대 사회에서는 여러 직업군에 속하는 사람들에게 서비스 정신을 요구한다. 우리가 실생활에서 소비자의 자격으로 접하는 기관이나 업장에서 만나는 모든 사람이 친절하다. 커피향이 너무 매력적이 '시' 기 때문에 고객님의 안목과 취향을 만족시켜 드리 '실' 겁니다, 이 코트는 블링블링한 색상이 '시' 기 때문에 고객님을 더 젊게 보이도록 만드 '십' 니다…… 같은 문장을 듣고 살아간다. 커피향과 스카프까지 극존대어의 대상이 될 만큼 입에 발린 서비스를 제공받고 있다. 이러한 백화점의 지나친 고객존대가 웃음거리가 될 정도로 소비자를 극진히 모시는 사회에서 소비자들은 이미 이러한 친절에 익숙해져 있다.

어린이집 같은 기관은 설립목적 자체가 맞벌이 부부의 경제적 활동을 지원하기 위한 곳이다. 설립근거가 되는 영유아보육법 제1장에 명시되어 있다. 봉사하고 섬기는 자세가 아니면 부모와의 관계 등에서 여러 가지 어려움에 직면할 수 있다.

저자 역시 권위적인 생각으로 살았던 때가 있었다. 십여 년간 대학의 유아교육과에 재직하면서 유아교육 현장에 대해 많은 것을 알고 있다고 자만했던 시절이 있었다. 80년대 초 유아교육 전공자가 많지 않던 시절에 유아교육을 전공했고 1년 반의 유치원교사 생활을 배경으로 석사과정을 마치자마자 26세에 전임교수가 되었다. 「유아교육기관 운영관리」라는 과목을 맡아 가르치면서 공부했던 이론들이 대단히 많은 양이라고 생각했었다. 원장은 언젠가 한번 일해 보고 싶은 직업이었고 현장에 나가면 천진난만한 영유아들과 행복하게 지내면서 존경받는 원장이 되리라 믿었었다.

삼성복지재단으로부터 입문교육을 받고 양천삼성어린이집 원장으로 현장생활을 시작한 후 일주일이 되던 월요일 아침, 원장실 문을 열고 들어가 책상 앞에 앉으며 했던 혼잣말은 '집에 가고 싶다' 였다. 그때가 서른일곱이 되던 해였다. 조금만 어렸다면 철없는 척 '이런 일인지 몰랐다. 그만두겠다' 고 사표를 내던지고 싶었다. 대학교수직을 사직했던 것을 후회하고 사직할 마음이 들게 했던 여러 배경들이 원망스러웠다.

유아교육과 교수였고 교육학 박사였던 나는 3~6세 교육의 일부 말고는 아는 것이 없었다. 그것도 유치원의 반일제 수업에서의 교육이었다. 2세 미만 영아들을 위한 환경구성이나 교구 · 교재, 종일반을 위한 학급운영, 직급별 교사이해를 근간으로 하는 인사관리, 교사 외의 다른 종사자 관리, 실습생과 외부인 관리, 문서관리, 재정관리 등 전부가 어려웠다. 다행히 삼성어린이집들은 전문교육을 받은 사무장이라는 인력이 있어서 많은 도움을 받았지만 모든 책임은 기관의 책임자인 원장에게 있다는 것을 실감하면서 원장직은 하루하루 더 무거운 짐으로 다가왔다.

현장에서 필요로 하는 능력은 내가 가지고 있던 것들과 달랐다. 원장의 리더십을 발휘할 대상이었던 종일반에서 생활하는 영유아들에 대해 그들의 입장을 이해하지 못했고 교직원과 외부인의 입장에서 원장에게 바라는 것이 어떤 것인지 알지 못했다. 교실내 흥미영역 구성이 잘못되어 있거나 수업 계획안의 오류에 대해 지적하고 잔소리를 참 많이 했던 것 같다. 교사들은 학문적으로 심오한 척 자신들을 질책하고 공부시켜서 원의 수준을 높이겠다는 태도의 원장보다는 자신들의 자기계발에 필요한 비전이나 로드맵을 지원해주는 원장을 원했다.

인사관리나 부모면담 같은 과정을 통해 인간은 모두 자기중심이고 자신이 먼저라는 것을 알게 되었다. 부모 역시 '훌륭한 이 원장이 끄는 대로 따라오라'고 말하는 것보다 '당신의 아이와 가족을 지원하기 위해 이런 프로그램이나 제도가 있다'라고 말하는 화법이 필요했다. 지금은 교사교육이나 부모교육에서 상대 입장에서의 역지사지易地思之 관계에 대해 다루고 그에 걸맞는 대화법을 강의한다.

여러 시행착오 끝에 원장의 리더십은 상대방의 입장을 이해하는 것에서부터 출발해야 한다는 것을 깨달은 후 원장시절 함께 했던 많은 사람들에게 미안한 마음이 들었다. 돌이켜 생각해보면 독재자 같은 마인드로 운영했던 것 같다. 그럼에도 불구하고 현재 원장이나 센터장이 되어 서울 전역에서 활약하고 있는 당시의 교사들과의 만남이 꾸준히 지속되고 있다는 사실이 감사하다. 양천삼성어린이집과 서울특별시어린이집에서 함께 일했던 교사들 중 현재 기관장이 된 사람이 20명 가까이 된다. 그들을 생각하면 괜시리 든든해지고 뿌듯한 마음이 든다.

학부모들 역시 가끔 연락을 취하며 자녀의 안부를 전하고 이쪽의 안부를 물어봐준다. 화법이 강하고 고집 센 원장이었지만 자신들의 자녀양육에는 도움이 되었기 때문에 기억해준다고 판단하고 있다. 부모와의 갈등, 교사와의 의견 차이가 있을 때 해결의 초점을 영유아에 두고 진행한 일들은 무리없이 받아들여졌다. 자신의 아이, 담임맡은 반의 아이를 위해 좋은 방향으로 가자고 설득했을 때는 내 의견을 따라 줬다. 그 일만은 잘했다고 생각한다. 여전히 자만이 남아 있음을 인정해야 할 것 같다.

자부심을 가지고 실행해보았던 여러 과정과 더불어 좀더 따뜻하고 존경받을 성품까지 갖춰진 원장이 되기 위해 노력하는 이미지로 기억 속에 남았다면 좋았겠다는 아쉬움이 늘 남아있다. 중간관리자인 주임교사 교육을 위한 강연에서 '자격을 갖추고 실력이 있어도 최소한 서른다섯 이후가 된 후에 원장직함을 가지라' 고 말한다. 원 안의 다양한 성품의 교직원들을 객관적으로 봐줄 수 있고, 싫은 사람이 있어도 공정한 척 행동할 수 있고, 후배들의 철없는 언행에도 어느 정도 참아줄 수 있을 만큼의 느긋함이나 나이가 주는 원숙함이 생긴 이후에, 결혼하고 아이도 길러보면서 어느 정도의 자극이나 사건에도 냉철하게 대처할 정도가 되었을 때 원장직을 거머쥐고 열정적으로 해보자고 말하곤 한다.

우리나라에서 원장 자격증을 가진 사람의 숫자는 서울시청에서 울릉도 입구까지 줄을 세워도 남는다는 말이 있다. 그만큼 많은 사람이 획득하는 자격증이기 때문에 많은 내공을 쌓고 현장에 나가야 차별화된 기관운영이 가능하다. '지금 여기' 에서 유아교육기관과 그 기관의 원장인 내게 필요한 안목과 실력과 성품은 어떤 것인지 늘 깨어 있는 상태로 준비해야 한다.

유아교육기관의 원장은 수요자의 입장을 분석하고 이해해야 한다. 원내에서의 입장과 시대가 바라는 수요자로서의 입장을 이해해야 한다.

우리나라 사람들의 의견 중 「강화해야 할 복지정책과 듣고 싶은 뉴스」를 살펴보면 일자리 제공 30.7% → 저소득층 최저생활보장 24.4% → 건강보험 지원 확대 13.5% → 노후 소득 지원 12.2% → 보육양육지원 강화 11.5% → 취약계층지원 7.7%로 나타났으며 보육양육지원은 네 번째 희망사항이었다(2011년 보건복지부 홈페이지에서 재인용). 지원支援이라는 단어는 지지하고 돕는다는 뜻을 의미하여 뒷바라지, 원조 등의 단어가 유의어이다. 이러한 바램을 담아 지원 정책을 내세우고 있지만 실제 현장에서 이러한 지원 업무를 하는 곳은 우리들이 일하고 있는 어린이집이나 유치원과 같은 기관이다. 그러한 기관은 원장의 능력과 방침에 따라 특성을 가지며 운영되어 간다는 점을 고려한다면 원장의 리더십은 나라를 살릴 정도의 중요한 의미를 갖는다.

▶ 현재 운영하고 있는 기관의 원아와 학부모가 기대하는 어린이집 (유치원, 학원)의 모습은 무엇인지 조사해보자.

▶ 내가 지도하고 끌어줘야 할 교사들은 어떤 원장을 원하는지 파악해보자.

▶ 대한민국의 현재 이상적인 유아교육기관의 조건을 수요자의 입장에서 정리해보자.

3. 저출산고령화 정책에 대한 이해

우리나라는 '지금 이대로의 출산율이 유지된다면 지구상에서 가장 먼저 소멸될 나라'로 여겨질 만큼 저출산 문제가 심각하다. 대통령 선거, 시장선거, 구청장 선거 등에서 후보자들의 공약에는 질 좋은 보육과 교육제도의 개선이 빠지지 않고 있으며 낳기만 하면 국가가 교육과 양육을 책임질 것처럼 말하고 있다. 특히 영유아기 보육에 대한 투자는 국가 차원의 복지 문제이기도 하지만 미래를 위한 투자이자 저출산·고령화에 대응할 수 있는 가장 효과적인 수단으로 간주되고 있으며 이러한 견해는 앞으로도 오래도록 지속될 것으로 보인다.

다각적인 출산 지원 서비스 확대의 일환으로 출산진료비 지원 확대, 난임 부부 체외수정 시술비 지원, 고령산모 엽산제 지원, 보건소의 산 전후 우울증 프로그램, 청소년 산모의 임신 중 의료비 지원까지 출산율을 높이기 위한 정부의 정책들은 모두 '서비스' 차원이다. 출산율이 급강하하고 있는 대한민국에서 유아관련 산업들이 도산하고 있다. 출산을 도맡아주었던 산부인과 병원들은 급격히 줄어들고 있고, 운영 중인 병원에서는 산모들의 관심을 끌기 위해 출산 후 얼굴의 점 빼주기, 모공관리 시술, 미백 마사지 등의 서비스까지 제공하고 있다. 임신과 출산과정을 통해 여러 가지 서비스와 우대정책에 익숙해 있는 부모들이 유아교육기관에 아이들을 데리고 온다는 것을 감안하면 부모교육이나 기타 행사 역시 서비스 차원을 생각해 봐야 할 것이다.

저자도 초보 원장 시절 모든 일이 어려웠지만 그 중에서도 부모와의 관계맺기가 어려웠다. 그 원인을 냉철하게 분석해보면 부모그룹 역시 원아들처럼 가르쳐야 하는 존재라고 여겼기 때문이었다. 늦은 시간에 아이를 맡길 곳이 없어서 발을 동동 구르던 엄마들, 일과시간이 지난 후에 아이를 데리러와 마치 죄인처럼 행동하던 엄마들을 이해하고 따뜻하게 대해주지 못했다. 과거 기억 속 그들에게 미안한 마음이 들면서 최근의 부모교육에서는 따뜻한 동행, 아름다운 양육, 함께 하는 육아 등의 제목을 즐겨 사용하고 있다. 원장인 내 의사에 따르라는 권위적인 태도보다는 부모들의 '일 가정 양립을 도와준다' 는 마인드였다면 관계맺기가 수월했고 보람도 더 있었을 것이라는 아쉬움이 남아있다.

원장의 심오한 철학에 기초한 좋은 프로그램도 원에 찾아와 재원해주는 원아들이 있을 때 실천이 가능하다. 원아가 없는 기관에서는 어떠한 프로그램도 무용지물이 된다. 내 기관을 찾아와 줄 원아들이 대한민국의 존립을 위해 태어나야 하고 우리는 그 아이들에게 헌신해야 하는 시대적 사명을 가지고 있다.

지금과 같은 저출산 현상이 지속된다면 우리나라의 인구구조는 역삼각형의 형태를 띠게 될 만큼 노인인구가 많아진다. 현재 원장이나 교사로 재직하고 있는 연령대의 인력들이 노인이 되었을 때 빈곤층으로 하락하게 된다는 미래 시나리오를 그려볼 수 있다. 노인과 젊은이는 일자리를 서로 차지하기 위해 대립하게 되고 노년층을 부양하기 위한 비용충당으로 세금 부과율이 높아지게 된다. 급여를 받아 많은 부분을 세금으로 내야하는 나라에서 고급 브레인들은 높은 연봉이 보장되는 다른 나라로 떠나게 된다. 믿고 맡길 수 있는 좋은 유아교육기관이 많아서 출산율이 높아지는 일은 애국하는 길이며 원장 자신의 노후를 위해서도 필요한 일이다.

4. 윤리강령

전문직의 여부를 알려주는 특성에는 지적인 능력, 자격증, 고유의 윤리강령 등이 포함된다. 유아교육 교원들에 대한 헌장과 강령이 선포됨에 따라 원장직은 명실공히 전문직이라고 볼 수 있으며 그만큼 우리가 갖는 사명과 윤리도 높은 수준에 있다는 것을 알 수 있다.

브리태니커 사전의 정의를 보면 교원의 윤리강령이란 교직의 전문성을 내세워 교원의 사명감과 권익옹호를 주장한 규정이다. 우리나라에서 찾아볼 수 있는 최근 강령으로서의 유아교사를 위한 사례는 한국국공립유치원교원연합회의 내용이다. 공립유치원에 재직 중인 교원들을 회원으로 하고 있는 이 단체에서는 최근 자신들이 발행하는 신문을 통해 유치원교사 헌장과 강령을 공표하였다(출처 : 2010년 한국국공립유치원교원연합회 신문).

유치원 교사 헌장

유아교육은 삶의 초석이 되며 우리 사회와 국가의 미래를 결정한다. 우리는 국민의 생애 초기 교육을 책임지며 사회로부터 존경받는 교사로서 자신을 연마하고 소명의식을 가지고 유아교육자로서 가야 할 길을 밝힌다.

1. 우리는 유아를 사랑하고 개성을 존중하며 전인발달을 지원하고 평화로운 교실문화를 조성한다.
2. 우리는 미래지향적이며 질 높은 교육을 계획하고 실천하여 교육자로서의 책임을 다한다.
3. 우리는 가정에 대한 이해와 연대를 강화하여 교육복지 사회구축에 공헌한다.
4. 우리는 사회의 변화와 요구에 적극 부응하여 유아교육의 혁신과 발전을 위해 노력한다.
5. 우리는 교육자로서의 품위를 유지하고 부단한 자기개발을 통해 유아교육 전문가로서의 위상을 갖춘다.

유치원 교사 강령

1. 유치원 교사와 유아

• 핵심개념 : 사랑, 평등, 개성존중, 전인교육, 안전과 보호

1) 우리는 유아를 사랑하며 유아의 인격을 존중한다.
2) 우리는 유아의 개인적 · 가정적 배경에 관계없이 모든 유아를 평등하게 대한다.
3) 우리는 유아의 개성을 존중하며 개인의 흥미와 잠재력에 적합한 교육을 제공한다.
4) 우리는 유아의 전인발달을 지원하는 교육과 환경을 제공한다.
5) 우리는 유아의 안녕을 위협하는 가정적 · 사회문화적 · 경제적 상황을 적극적으로 파악하고 유아를 보호하기 위해 노력한다.

2. 유치원 교사와 가정

• 핵심개념 : 가족에 대한 이해, 권리보호, 협력, 지원

1) 우리는 유아를 교육하고 지원하기 위해 가정과 연계하고 협력관계를 구축한다.
2) 우리는 교육적 목적으로 수집한 가족정보에 대해 기밀을 유지하고 가족의 사생활을 보장한다.
3) 우리는 유치원에서 일어난 안전사고나 위험상황에 대해 가족에게 충분히 설명한다.
4) 우리는 가족에게 유치원을 개방하며 필요한 정보를 제공한다.
5) 우리는 유치원 운영에 관련된 중요한 의사결정과정에 부모를 참여시킨다.
6) 우리는 가족에게 필요한 지역사회자원에 대한 정보를 구축하고 이를 가족에게 적극 제공한다.

3. 유치원 교사와 사회

• 핵심개념 : 사회에 대한 이해, 교원의 지위향상, 유아교육 위상 강화, 교직문화, 지역사회와의 협력

1) 우리는 사회의 흐름을 파악하고 이를 교육에 반영하고자 한다.
2) 우리는 유아에 관련된 법률과 정책을 이해하고 이를 개선하기 위한 활동에 적극 참여한다.
3) 우리는 교직 관련 단체와 전문가 협회를 통해 교권 확립을 위한 활동에 참여한다.
4) 우리는 유치원 교육을 사회에 널리 알려 유아교육의 위상을 높인다.
5) 우리는 교직원 간의 상호 존중과 협력을 통해 건전한 교직문화를 형성한다.
6) 우리는 유치원과 연계하여 지역 사회의 생활과 문화 향상에 기여한다.

4. 유치원 교사의 책무

• 핵심개념 : 직업의식과 긍지, 인성(열정, 개방성, 창의성, 자율성), 교사로서의 품위, 연구와 자기개발

1) 우리는 교육전문가로서의 직업 의식을 갖는다.
2) 우리는 건전한 국가관과 확고한 교육관을 가지고 교직에 종사한다.
3) 우리는 유아에게 최적의 교육을 제공하기 위해 열과 성을 다한다.
4) 우리는 건전한 언행과 생활태도로 유아에게 모범이 되도록 한다.
5) 우리는 열린 사고와 개방적 태도를 가지고 전문성 향상에 매진한다.
6) 우리는 다양한 분야의 전문가와 교류하고 새로운 지식과 정책을 비판적으로 수용한다.

이 강령은 박은혜 등(육아정책연구소, 2010)이 연구 · 제작하고 유치원 교원 양성 임용제도 개선연구단, 한국 4년제 유아교사 양성대학 교수협의회, 한국국공립 유치원 교원연합회, 한국유치원 총연합회, 전국사립유치원연합회가 공동으로 보급한 「유치원교사 헌장 강령」이다.

어린이집의 윤리강령은 「보육시설장 교사 윤리강령」으로 한국보육시설연합회(2010)를 통해 발표되었다. 영유아에 대한 윤리, 가정에 대한 윤리, 동료에 대한 윤리, 사회에 대한 윤리를 포함하고 있어서 유치원과 유사한 범주임을 알 수 있다. 보육시설장의 명칭은 영유아보육법 일부 개정에 따라 2011년 12월 어린이집 원장으로 변경되었다.

5. 국가수준의 평가항목

우리나라 유치원과 어린이집은 모두 국가수준의 평가항목을 가지고 다방면의 운영수준을 측정한다. 두 기관으로 이원화되어 있기 때문에 각기 다른 평가제도와 항목을 가지고 있지만 세부적인 내용으로 들어가 보면 유사한 항목이 많다. 평가인증 과정을 통해 학습하여 익숙한 내용이겠지만 어린이집과 유치원을 비교해보는 측면에서 다시 한 번 살펴보도록 하자.

1) 어린이집

평가인증 지표의 절차나 자세한 내용은 한국보육진흥원의 어린이집평가인증사무국의 홈페이지에서 찾아 볼 수 있다. 이 홈페이지에는 평가를 받는데 필요한 모든 정보가 제공되고 있으며 어린이집 운영과 관리에서 사용되는 문서 양식도 제공하고 있다. 저자의 책 『어린이집 개원하기』에는 각 영역별로 활용되는 문서들을 출력할 수 있도록 첨부되어 있다.

어린이집의 평가항목과 내용을 보면 다음과 같다.

[영역 1] 보육환경

하위 영역	항 목	평가방법			
		관 찰	면 담	문 서	확인자료
보육 시설 환경	1-1 보육실의 공간배치	○			-
	1-2 보육시설 내 영유아의 휴식공간	○			-
	1-3 옥외 놀이터와 놀이기구	○			-
보육 활동 자료	1-4 신체활동 자료	○			-
	1-5 언어활동 자료	○			-
	1-6 자연탐구활동 자료	○			-
	1-7 예술활동 자료	○			-
	1-8 역할놀이 및 쌓기놀이 자료	○			-
보육 지원 환경	1-9 비품과 활동자료의 보관	○			-
	1-10 보육교사를 위한 공간	○			-
	1-11 보육교사용 참고자료	○	○		-

[영역 2] 운영관리

하위영역	항 목	평가방법			
		관찰	면담	문서	확인자료
운영관리	2-1 어린이집의 운영방침 및 정보안내		○	○	운영방침, 시설안내
	2-2 원아에 대한 관리		○	○	보육시설 이용신청자 명부 및 이용 아동연명부, 생활기록부, 신입원아 적응 프로그램 관련기록
	2-3 보육실의 교사 대 영유아 비율	○		○	이용아동 연명부, 출석부
보육인력	2-4 교직원의 근로계약		○	○	근로계약서, 복무규정
	2-5 원장과 보육교사의 업무수행	○	○	○	업무분장표, 교사회의록
	2-6 교직원의 교육		○	○	신입인력 오리엔테이션기록(오리엔테이션 자료 및 관리대장) 재교육 확인 기록(교사 연수계획안, 교사 연수 보고서, 교사 연수대장)
가족과의 협력	2-7 신입원아 부모를 위한 오리엔테이션		○	○	신입원아 부모 오리엔테이션 자료 및 실행기록
	2-8 어린이집과 가정 간의 의사소통	○	○	○	알림장(일일 보고서, 대화수첩), 가정통신문, 게시판 홈페이지, 개별면담기록
	2-9 어린이집의 부모참여	○	○	○	부모 프로그램 실시 관련기록(가정통신문)
	2-10 어린이집 운영위원회의 구성과 활동		○	○	운영위원회 구성 관련 기록, 회의록
지역사회와의 협조	2-11 지역사회와의 협력		○	○	지역사회 연계활동 기록
	2-12 영유아와 가족의 문제에 대한 이해와 지원		○	○	개별 면담기록, 전문정보 및 전문가관련 정보기록

[영역 3] 보육과정

하위영역	항 목	평가방법			
		관 찰	면 담	문 서	확인자료
보육활동 계획과 구성	3-1 보육계획안의 수립			○	보육계획안, 보육일지
	3-2 보육활동 계획의 균형과 진행	○		○	
	3-3 실외활동 및 일상생활 관련활동	○		○	
	3-4 일과의 통합적 운영	○		○	
	3-5 일과의 통합적 운영	○		○	
	3-6 일상생활 관련활동	○		○	
	3-7 보육과정 평가 및 영유아 활동관찰	○		○	
보육활동	3-8 신체활동	○		○	
	3-9 언어활동	○		○	
	3-10 기본생활 관련활동	○			
	3-11 사회관계 증진활동	○		○	
	3-12 자연탐구활동	○		○	
	3-13 예술활동	○		○	
	2-11 역할놀이 및 쌓기놀이	○		○	

[영역 4] 상호작용과 교수법

하위 영역	항 목	평가방법			
		관 찰	면 담	문 서	확인자료
일상적 양육	4-1 즐거운 식사(수유)와 간식	○			
	4-2 편안한 분위기의 낮잠	○		○	보육일지
	4-3 자연스러운 배변경험	○			
교사의 상호 작용	4-4 영유아를 존중하고 평등하게 대하기	○			
	4-5 영유아의 요구와 질문에 대한 민감한 반응	○			
	4-6 긍정적인 방법의 행동지도	○			
	4-7 또래 간 긍정적 상호작용의 격려	○			
	4-8 자유놀이에 교사참여	○			
	4-9 영유아 간의 다툼이나 문제상황 개입	○			
교수법	4-10 교수법의 효과적인 사용	○			
	4-11 동기유발과 호기심의 장려	○			

[영역 5] 건강과 영양

<table>
<tr><th rowspan="2">하위
영역</th><th rowspan="2">항 목</th><th colspan="4">평가방법</th></tr>
<tr><th>관찰</th><th>면담</th><th>문서</th><th>확인자료</th></tr>
<tr><td rowspan="8">청결과
위생</td><td>5-1 실내공간의 청결</td><td></td><td></td><td></td><td>소독 실시 기록,
대청소 실시 기록</td></tr>
<tr><td>5-2 보육실의 환기, 채광,
조명, 온도관리</td><td></td><td></td><td></td><td></td></tr>
<tr><td>5-3 놀잇감의 청결</td><td></td><td></td><td></td><td></td></tr>
<tr><td>5-4 화장실과 세면장의 청결</td><td></td><td></td><td></td><td></td></tr>
<tr><td>5-5 조리실의 공간과 설비의
위생적 관리</td><td></td><td></td><td></td><td></td></tr>
<tr><td>5-6 식자재, 조리 및 배식과
정의 위생적 관리</td><td></td><td></td><td></td><td></td></tr>
<tr><td>5-7 영유아와 보육교사의
청결유지</td><td></td><td></td><td></td><td></td></tr>
<tr><td>5-8 개별 침구의 사용과 관리</td><td></td><td></td><td></td><td></td></tr>
<tr><td rowspan="2">질병
관리</td><td>5-9 아프거나 다친 영유아의
보호</td><td></td><td></td><td></td><td>아프거나 다친 영유아
를 위한 절차
응급처치동의서,
투약의뢰서</td></tr>
<tr><td>5-10 영유아와 종사자의 건강
관리</td><td></td><td></td><td></td><td>전염성 질환의 예방
및 관리대책(공지기록)
건강검진 관련서류
가정통신문</td></tr>
<tr><td rowspan="2">급식과
간식</td><td>5-11 영유아를 위한 급식</td><td></td><td></td><td></td><td>식단표, 급식 시행 기록</td></tr>
<tr><td>5-12 영유아를 위한 간식</td><td></td><td></td><td></td><td>식단표, 간식 시행 기록</td></tr>
</table>

[영역 6] 안전

<table>
<tr><th rowspan="2">하위 영역</th><th rowspan="2">항 목</th><th colspan="4">평가방법</th></tr>
<tr><th>관 찰</th><th>면 담</th><th>문 서</th><th>확인자료</th></tr>
<tr><td rowspan="5">시설의 운영 관리</td><td>6-1 보육실의 안전관리</td><td>○</td><td></td><td>○</td><td>모든 보육실의 안전 점검 기록</td></tr>
<tr><td>6-2 실내외 시설 및 설비의 안전관리</td><td>○</td><td></td><td>○</td><td>실내외 시설 및 설비의 안전점검 기록</td></tr>
<tr><td>6-3 조리실 설비의 안전관리</td><td>○</td><td></td><td></td><td>-</td></tr>
<tr><td>6-4 실내외 놀잇감의 안전관리</td><td>○</td><td></td><td>○</td><td>놀잇감의 안전점검 기록</td></tr>
<tr><td>6-5 실내외 위험한 물건의 보관</td><td>○</td><td></td><td></td><td>-</td></tr>
<tr><td rowspan="5">영유아의 안전 보호</td><td>6-6 영유아에 대한 성인의 보호</td><td>○</td><td></td><td></td><td>-</td></tr>
<tr><td>6-7 영유아의 안전한 인계과정</td><td>○</td><td>○</td><td>○</td><td>인계과정에 대한 규정, 귀가동의서</td></tr>
<tr><td>6-8 보육시설의 안전한 차량운행</td><td>○</td><td></td><td>○</td><td>차량안전수칙, 차량의 안전점검 기록</td></tr>
<tr><td>6-9 비상사태를 대비한 시설 및 설비와 대처방안</td><td>○</td><td></td><td>○</td><td>비상 시 대처방안
(비상대피도, 대피요령, 종사자 역할분담 및 비상 연락망)
소화기 점검표</td></tr>
<tr><td>6-10 안전교육과 정기적인 소방훈련</td><td></td><td></td><td>○</td><td>안전교육, 소방훈련 실시기록</td></tr>
</table>

여러 평가 영역 중에서 원장의 운영능력을 보고 있는 영역 2의 개요와 준비 사항을 보면 다음과 같다.

(1) 운영방침 및 정보 안내

어린이집에 대한 정보는 어린이집의 운영철학과 보육목표, 보육프로그램의 특성, 보육시간(보육방침), 보육료, 연령별 집단 크기와 교사 수, 교직원 소개, 어린이집의 환경 등을 말한다. 어린이집에서는 이러한 정보를 안내함으로써 어린이집과 부모 간의 의사소통을 원활하게 하고, 부모가 자녀를 위해 양질의 보육 서비스를 제공해 줄 어린이집을 선택하는데 도움을 준다. 이를 소개하기 위한 방법으로는 가정통신문, 게시판, 안내 소책자, 리플릿, 홈페이지 등이 있다.

어린이집의 운영철학 및 보육목표, 운영내용 등을 포함하는 운영방침이 체계적으로 수립되어 있고 이를 안내해야 한다.

(2) 원아 관리

영유아는 새로운 환경에 낯설어하고 친숙한 양육자와 분리되어야 하는 상황에 놓이면 불안해진다. 마찬가지로 부모와 가족도 영유아를 새로운 어린이집에 보내는데 심리적인 어려움을 겪을 수 있다. 따라서 어린이집은 영유아와 가족이 새로운 상황에

순조롭게 적응할 수 있도록 체계적인 적응절차를 마련하여 도와주어야 한다. 효율적인 보육활동을 위해서 영유아의 다양한 발달과 학습 영역에서의 개인차에 대해 개별 영유아의 발달 상황과 변화를 기록해야 한다. 어린이집에서는 영유아에 대한 기록을 토대로 발달에 적합한 보육활동을 계획하여 진행할 수 있고, 영유아 발달을 더 적절히 지원해 줄 수 있으며, 부모와의 면담 시에도 활용할 수 있다.

신입 원아의 적응을 위한 과정이 체계적으로 진행되고, 모든 원아에 관한 문서를 지속적으로 관리해야 한다.

(3) 교사 대 영유아 비율의 준수

보육교사 대 영유아 비율은 영유아에게 양질의 보육을 제공하기 위한 가장 기본적인 요소 중 하나이다. 담당하고 있는 영유아의 수가 적절하면 교사는 모든 영유아를 더욱 안전하게 보호해 줄 수 있고, 개별 영유아의 요구에 더 민감하게 반응해 줄 수 있다.

모든 반에서 교사 대 영유아 법정 비율을 준수해야 한다.

(4) 교직원 근로계약

어린이집 교직원의 근로계약서와 복무규정을 문서화함으로

써 원장과 보육교사 간의 복무 관련 의사소통을 원활하게 하고 이를 통해 어린이집의 인사 관리가 효율적으로 이루어져 교직원들의 직무만족도를 높일 수 있다. 이러한 근로계약서와 복무규정에는 자격과 근무기간에 따른 급여기준, 퇴직금, 4대 보험, 휴직, 사직 절차, 휴일, 연차 유급휴가가 포함되어야 한다.

근로계약서와 복무규정이 문서화되어 있고, 교직원에게 원장이 직접 알려줘야 한다.

(5) 원장과 교사의 업무수행

원장과 보육교사는 자신의 업무와 역할을 잘 파악하고 있어야 할 뿐 아니라 어린이집과 관련된 공동 업무를 적절하게 분담해야 한다. 또한 교사회의를 정기적으로 실시함으로써 어린이집 운영에 필요한 여러 가지 안건을 논의하여 합리적이고 효율적으로 운영하고, 교직원들이 자신의 역할을 적절히 수행할 수 있도록 해야 한다. 교사회의 내용에는 운영관리에 필요한 여러 가지 사항 외에 프로그램의 계획 및 진행, 개별 영유아의 특성에 따른 지도 방향 등에 대한 논의 등이 포함될 수 있다.

원장과 보육교사가 분장된 업무를 파악하고 있고, 교사회의를 월 2회 이상 해야 한다.

(6) 교직원 교육

신입 교사나 기타 교직원, 실습생, 자원봉사자 등은 어린이집의 운영철학 및 보육목표, 보육내용과 프로그램에 대한 체계적인 안내를 받아야 한다. 이를 적절하게 실시하면 인력이 바뀌는 경우 보육과정 운영에서 발생할 수 있는 혼란을 방지할 뿐 아니라 영유아에게 안정적인 양질의 보육서비스를 제공할 수 있게 된다.

원장과 보육교사는 아동발달, 보육, 교육에 관한 정기적인 재교육을 받음으로써, 자신의 전문성을 유지, 향상시킬 수 있다. 재교육에는 교직원의 직무교육 및 승급교육을 포함하여 보육정보센터의 교육 및 워크숍, 사이버 강의, 지역별 모임, 어린이집 내 교육모임 등이 포함되며, 이러한 재교육에 모든 교직원이 골고루 참여할 수 있는 원칙이 수립되어 있어서 누구나 자신이 언제쯤 재교육을 받을 수 있는지 예상할 수 있어야 한다.

새로운 인력에 대한 오리엔테이션을 실시하며, 원장과 교사가 다양한 재교육을 받아야 한다.

(7) 부모를 위한 오리엔테이션

영유아를 처음으로 어린이집에 보내는 부모는 어린이집에 대한 궁금증과 걱정이 많으므로 기본적인 철학과 보육과정의 내용, 신입 원아의 초기 적응을 위한 지원 등에 대해 서로 의견을 나눌 수 있는 오리엔테이션이 필요하다. 이를 통해 어린이집은 신입 원아에 대한 이해를 넓힐 수 있게 되고, 신입 원아 부모는 어린이집을 신뢰하게 되어 영유아의 초기 적응에 도움을 줄 수 있게 된다. 신입 원아 부모를 위한 체계적인 오리엔테이션을 한다.

(8) 가정과의 의사소통

어린이집의 보육방침과 부모의 양육 간에 일관성이 있는 경우 영유아의 행동을 강화하는 효과가 있으며 영유아의 발달이 촉진될 수 있다. 어린이집과 가정은 영유아의 발달과정이나 보육내용에 대해 정보를 교환할 수 있도록 부모와 연 2회 이상 정기적인 개별상담, 전화, 일일보고서나 개별 알림장, 대화수첩, 가정통신문, 인터넷 커뮤니티 등과 같은 여러 가지 방식으로 긴밀하게 의사소통해야 한다.

(9) 부모참여

어린이집의 운영방침이 부모에게 개방적이라면 부모는 어린이집을 방문하여 자녀를 참관하거나, 자녀와 함께 경험을 공유할 수 있다. 행사나 보육과정에 부모가 자원봉사자 등의 역할로 함께 참여하도록 하거나 부모교육을 실시하는 등 다양한 방법으로 부모의 참여를 지원하는 것이 필요하다. 부모의 보육실 참관을 허용하고, 부모 프로그램에 참여할 기회가 자주 있어야 한다.

(10) 운영위원회의 구성과 활동

부모 및 주변 지역사회와 긴밀하게 협력하여 동반자적인 관계를 유지할 때 최선의 보육 효과를 거둘 수 있으므로 원장, 교사, 학부모 대표와 지역사회 인사를 포함한 운영위원회를 구성하고 정기적으로 회의를 개최함으로써 어린이집의 운영과 프로그램에 대한 의견과 요구를 수렴하여 반영할 수 있도록 한다. 어린이집 운영위원회를 구성하여 정기적으로 회의를 개최하며, 부모에게 안내해야 한다.

(11) 지역사회와의 협력

보육프로그램의 활동 내용은 주로 영유아의 실생활 및 주변 환경과 밀접한 관계가 있는 것이어야 한다. 따라서 영유아가 가정과 어린이집 이외에 지역사회 환경을 보다 친밀하게 이해하도록 병원, 경찰서, 도서관, 초등학교 등의 가까운 장소를 방문하고 연계 프로그램에 참여할 수 있는 기회를 제공해야 한다. 지역사회와의 연계와 협력이 활발하게 이루어져야 한다.

(12) 영유아와 가족의 문제에 대한 이해와 지원

재원 중인 영유아 중에는 가정환경이나 발달적 특성이 다른 또래들과 달라서 특별한 보호가 필요한 경우가 있을 수 있다. 특수한 요구가 있는 영유아와 가족의 문제를 도와줄 수 있는 전문기관에 대한 실질적인 정보(예 서비스 종류, 전화번호, 비용)를 제공하여 가족이 전문가를 찾아가 도움을 구하도록 도와주어야 하고, 또한 관련 전문가와 협조하여 함께 문제를 해결하도록 노력해야 한다. 영유아와 가족의 문제를 파악하고 있으며, 이를 도와주기 위한 관련 정보를 가지고 있어야 한다.

2) 유치원

유치원의 평가지표에서 운영관리 영역은 200점 만점에 40점을 차지하고 있다. 각 항목별 개요를 보면 다음과 같다. 다음의 표는 교육인적자원부(2012)가 발표한 '유치원 평가 추진계획'에서 발췌한 것이다.

〈유치원 평가지표(공통지표)〉

평가 영역(배점)	평가 항목(배점)	평가 지표(배점)
1. 교육과정 (65)	1-1. 교육계획 수립의 적절성(15)	1. 교육계획안 작성 및 활용(5)
		2. 유아교육에 적합한 교육내용 · 활동 선정(10)
	1-2. 일과 운영의 적절성(15)	3. 통합적 일과 운영(10)
		4. 교육활동 유형 간의 균형적 안배(5)
	1-3. 교수-학습 방법의 적합성(20)	5. 유아교육에 적합한 교수-학습 방법의 사용(10)
		6. 교사-유아 간의 질적인 상호작용(10)
	1-4. 평가의 적절성(15)	7. 유아의 발달 상황 기록 및 활용(10)
		8. 교육과정 평가 실시 및 결과 활용(5)
2. 교육환경 (45)	2-1. 교육환경의 적합성 (25)	9. 실내 교육환경의 적합성(10)
		10. 실외 교육환경의 적합성(10)
		11. 유아 발달 수준에 적합한 시설 · 설비(5)
	2-2. 교재 · 교구의 적합성(20)	12. 유아 발달 수준과 주제에 적합한 교재 · 교구의 구비 및 활용(10)
		13. 교재 · 교구의 체계적인 관리 및 보관(10)
3. 건강 · 안전 (40)	3-1. 건강관리의 적절성(15)	14. 유아 건강 지도 및 관리(5)
		15. 시설 · 설비의 청결한 관리(10)
	3-2. 영양관리의 적절성(10)	16. 균형 있는 급 · 간식 시행 및 식습관 지도(5)
		17. 식재료의 위생적 관리 및 사용(5)
	3-3. 안전관리의 적절성(15)	18. 안전교육 실시 및 안전사고 대비책(10)
		19. 시설 · 설비의 안전한 관리(5)

<table>
<tr><td rowspan="8">4.
운영관리
(40)</td><td rowspan="2">4-1.
교직원 인사 및
복지의 적절성
(10)</td><td>20. 교직원 인사 규정 보유 및 준수(5)</td></tr>
<tr><td>21. 교직원 복지 규정 보유 및 지원(5)</td></tr>
<tr><td rowspan="2">4-2.
예산 편성 및
운용의 합리성
(10)</td><td>22. 예 · 결산서 작성 및 공개(5)</td></tr>
<tr><td>23. 정부지원금 예산 편성 및 사용의 타당성(5)</td></tr>
<tr><td rowspan="2">4-3.
가정 및 지역사회
와의 연계(10)</td><td>24. 다양한 부모교육 및 가정과의 교류(5)</td></tr>
<tr><td>25. 지역사회 인사 · 자원의 활용 및 기관 홍보(5)</td></tr>
<tr><td rowspan="2">4-4.
기관장의 원
운영의 전문성
(10)</td><td>26. 교육과정의 질 제고를 위한 노력(5)</td></tr>
<tr><td>27. 기관장의 리더십(5)</td></tr>
<tr><td colspan="2">학부모 만족도(10)</td><td>28. 학부모의 기관 운영에 대한 만족도 조사 결과(10)</td></tr>
<tr><td rowspan="3">5.
종일반
운영</td><td colspan="2">5-1. 종일반 운영을 위한 기본 시설 · 설비 구비</td></tr>
<tr><td colspan="2">5-2. 종일반 프로그램의 적절성</td></tr>
<tr><td colspan="2">5-3. 종일반 교사 확보</td></tr>
<tr><td colspan="2">계</td><td>200점</td></tr>
</table>

※ 종일반 운영의 포함 여부는 시 · 도교육청에서 자체 판단

운영관리 영역의 4범주와 학부모 만족을 조사하는 항목들은 다음과 같이 평가받는다.

(1) 교직원 인사 및 복지의 적절성

평가지표

20. 공정한 교직원 인사규정이 있으며, 이를 잘 준수하고 있다. (5점)
21. 교직원 복지 규정이 있으며, 관련 지원을 하고 있다. (5점)

평가 방향

유치원이 설정한 교육목표를 제대로 달성하기 위해서는 기관의 운영관리가 잘 되어야 한다. 유치원의 운영관리는 유아교육활동을 보다 효과적으로 추진하게 하는 지원체제로서 유치원의 장기적인 발전을 위하여 체계적 · 전문적인 관리가 필요하다.

운영관리 영역에서는 교직원 인사관리 및 복지가 적절한지, 예산의 편성 및 운영이 합리적인지, 가정 및 지역사회와의 연계가 적절한지, 기관 운영의 책임을 맡고 있는 기관장의 전문성과 리더십이 바람직한지를 점검한다.

평가기준

<u>지표 20</u>

- 교직원 인사와 관련하여 공정한 규정이 있으며, 이를 공지하고 있는가?
- 교직원 근무성적 평정 방법이 적절하고, 그 결과를 활용하고 있는가?

※ 결과 활용(예) : 승진, 성과급지급, 근무성적 포상 등

- 교직원의 임용과 해임이 공정하게 이루어지고, 기한 내에 교육청에 보고되고 있는가?

<u>지표 21</u>

- 교직원의 기본 수당(교직수당, 담임수당)을 지급하고 있는가?
- 교직원의 연금 가입을 지원하고 있는가?

※ 연금(예) : 국 · 공립은 공무원연금, 사립은 사학연금 또는 4대보험

- 교직원의 전문성 제고를 위한 다양한 연수기회를 부여하고, 비용 및 시간을 지원하고 있는가?

※ 연수(예) : 직무 및 자격연수, 전문 학회 및 협회 활동, 교사 연찬회 등

평가방법
• 서면평가 : 자체평가보고서에 기록된 내용 • 현장평가 – 교직원 인사규정 문건 및 연금가입 증서 등 확인 – 교직원 연수 참여 및 지원 관련 교사 면담

관련자료
• 교직원 인사규정 문건 • 연금가입 증서 등

(2) 예산 편성 및 운용의 합리성

평가지표
22. 유치원 운영 예 · 결산서를 작성 · 보고(공개)하고 있다. (5점) 23. 정부지원금의 예산 편성 및 사용내역이 타당하다. (5점)

평가기준
<u>지표 22</u> • 예 · 결산서를 구체적으로 작성 · 관리하고 있는가? • 예산 편성 시 교직원 및 학부모의 의견을 수렴하고 있으며, 예 · 결산서를 공개하고 있는가? <u>지표 23</u> • 정부에서 지원하는 비용의 예산편성 및 사용내역이 타당한가? ※ 시설환경개선비, 교재 · 교구비, 교사인건비, 무상교육 및 저소득층 지원금

평가방법

- 서면평가 :
  - 자체평가보고서에 기록된 내용
- 현장평가
  - 예 · 결산서 확인
  - 예산 편성 및 집행 관련 원장 면담

관련자료

- 예 · 결산서
- 정부지원금 예 · 결산서

(3) 가정 및 지역사회와의 연계

평가지표

24. 다양한 부모교육 및 참여활동을 실시하고 가정과의 연계를 위해 노력하고 있다. (5점)
25. 지역사회 인사 및 자원을 적극적으로 활용하고 지역사회와의 연계를 위해 노력하고 있다. (5점)

평가기준

지표 24

- 부모교육 및 참여활동 계획을 체계적으로 수립하고 있는가?
- 유치원의 교육 내용 및 활동, 유아의 발달 및 교육 문제 등과 관련하여 가정으로 안내하고 있는가?
- 유아의 가정 배경 및 학부모의 특성 · 요구 등을 고려하여 가정과 교류하고자 노력하고 있는가?

※ 면담, 가정통신문, 소식지(안내문), 전화, 이메일 등

지표 25

• 유치원의 여러 활동을 지역사회에 안내 · 홍보하고 있는가?
• 지역적 특성을 반영한 활동을 실시하고 있으며, 지역사회 인적 · 물적 자원을 활용하고 있는가?

※ 인근 초등학교와의 연계 활동 실시 포함

평가방법

• 서면평가 : 자체평가보고서에 기록된 내용
• 현장평가
  – 부모교육 및 참여 활동, 관련 자료 확인
  – 지역사회와의 연계 관련 자료 확인
  – 가정 및 지역사회와의 연계 관련 원장, 교사 면담

관련자료

• 부모교육 및 참여 활동과 관련된 자료
• 지역사회 연계 관련 자료

(4) 기관장의 원 운영의 전문성

평가지표

26. 원장은 올바른 유아교육 철학과 신념을 가지고 있으며, 교육과정 질 제고를 위해 노력하고 있다. (5점)
27. 구성원들 간의 민주적 의사소통을 격려하고, 리더십을 발휘한다. (5점)

평가기준

※ 원감이 있는 병설유치원의 경우, 원장 대신 원감을 대상으로 함

지표 26

• 원장은 기관의 운영방침을 바람직하게 설정하고 공개하고 있는가?

- 원장은 원내 자율장학을 실시하고 있으며, 그 결과를 교육과정 개선에 활용하고 있는가?
- 원장은 유치원교사가 교육활동에 전념하게 하며, 적극 지원하는가?

※ 잡무 경감, 행정업무 처리 지원 등

지표 27

- 기관 운영 의사결정 과정에 다양한 구성원의 의견이 반영되고 있는가?
- 교직원 회의의 내용이 적절하고, 민주적인 방식으로 운영되고 있는가?
- 원장은 유아교육 및 유치원의 발전에 대한 비전을 구성원과 공유하려고 노력하는가?

평가방법

- 서면평가 : 유치원 운영계획서, 자체평가보고서에 기록된 내용
- 현장평가
  - 유치원 운영계획서 확인
  - 원내 자율장학 협의록 및 교사협의회 자료 확인
  - 원장의 원 운영 방침 및 전문성 관련 원장 면담
  - 교직원 회의 및 원 운영 방침 관련 교사 면담

(5) 학부모 만족도

평가지표

28. 유치원 교육 및 운영에 대한 학부모의 만족도가 높다.

평가기준

- 가정에 유치원의 교육활동에 대한 안내를 충실하게 하는가?
- 유아 발달 및 교육적 특성을 파악하고, 가정에 전달하는가?
- 교육과정 운영 시, 유아의 기본생활습관 형성 및 인성발달에 중점을 두고 있는가?

- 질적으로 우수한 급 · 간식을 제공하고 있는가?
- 부모교육 · 참여활동을 내실 있게 운영하여 부모의 자녀지도를 지원하는가?
- 교사들은 유아를 사랑하고 교육적으로 잘 지도하는가?

평가방법

- 학부모 대상 설문조사(우편 또는 전화설문 조사 등 활용)
  - 해당 유치원에서 학부모 명단을 수합, 무선표집하여 시범평가위원회에서 직접 조사
- 학부모 만족도 조사 질문 예시

항 목	매우 그렇다 (5)	그렇다 (4)	보통 이다 (3)	그렇지 않다 (2)	전혀 그렇지 않다(1)
① 유치원의 교육활동 및 프로그램에 대한 안내가 잘 이루어지고 있습니까?					
② 유치원에서 자녀의 발달 및 교육적 특성에 대한 정보를 정기적으로 전달하고 있습니까?					
③ 유치원의 교육이 자녀의 기본생활습관 형성과 인성 발달에 도움이 된다고 생각하십니까?					
④ 유치원에서 실시하는 급식 · 간식의 식단과 질에 만족하십니까?					
⑤ 유치원에서 실시하는 부모교육 및 참여 활동이 자녀를 교육하는데 도움이 되십니까?					
⑥ 유치원 교사들은 유아를 사랑하고 교육적으로 잘 지도하고 있다고 생각하십니까?					

제2장

자기 경영

제2장
자기 경영

1. 원장의 자질 돌아보기

1) 사회적 요구

교육의 3요소에는 학생, 교육과정, 교사가 포함된다. 우리가 흔히 교원 혹은 교사라고 말하는 직업은, 사람에게 더 향상된 삶을 살아가도록 가르치고 이끄는 과정을 통해 인간의 권리를 신장시켜주는 중요한 사회적 장치라고 볼 수 있다. 개인을 가르치고 이끄는 과정을 통해 국가나 사회의 발전에 공헌하는 교직은 어느 직업보다 가치 있고 없어서는 안 될 직종이다.

(1) 직업관

우리나라 학교기관의 교직은 교원, 조교, 장학사(관), 교육연구사(관), 교장, 교감, 준교사, 실기교사 등 다양한 분류를 가지고 있지만 유아교육기관은 교사, 원감(혹은 주임교사 내지는 선임교사), 원장 등의 명칭으로 별도 분류기준을 갖는다.

교사를 직업으로 삼고 살아가는 자는 실력, 사명감, 성품 등 여러 측면에서 성숙하게 자신의 과업을 실현시켜 나가야 할 것이다. 이와 같이 우리 사회의 중요한 역할을 수행하기 때문에 아래와 같이 특별한 관점으로 교사를 표현하기도 한다.

• 성직자관

미성숙한 학생(유아)들을 다루는 과정에서 특별한 사명감이 있어야 한다는 관점이다. 낮은 경제적 지위를 합리화할 수 있으며 생계유지나 이익추구를 위하기보다는 성스러운 교육에 종사하는 것을 보람으로 여기고 살아가게 하는 관점이다.

• 전문직관

유아교사직이 전문직인가에 대한 논란에 대하여 노동부의 직업분류, 일반적인 전문적 조건에 비추어 유아교사직이 전문직인 근거를 보면 유치원교사와 보육교사는 직업분류 항목 중 〈전문가 및 관련 종사자〉로 분류된다. 보육교사는 〈보건 · 사회복지 및 관련직〉항목에서 〈사회복지관련 종사자〉의 하위항목으로 분류되어 있고, 유치원 교사는 〈교육 전문가 및 관련직〉항목에서 〈유치원 교사〉로 분류된다. 즉, 우리나라에 있는 모든 직업을 총정리하여 그 특성에 따라 분류한 통계청의 직업분류표에 기준할 때 유치원 교사와 보육교사는 모두 전문직으로 분류된다.

(2) 기대하는 이미지

교사에 관한 인식을 설문조사와 드라마를 통해 보면 다음과 같다. 우리나라 초등학교, 중학교, 고등학교 학생들의 장래희망 1위가 교사인 것을 볼 수 있다. 현실적으로 교사에 대해 어떤 인식과 기대를 갖는지 깨닫게 해주는 통계로 보인다.

〈초 · 중 · 고 학생들의 장래 희망직업〉

	초등학교	중학교	고등학교
1위	교사(15.7%)	교사(19.8%)	교사(13.4%)
2위	의사(10.5%)	의사(9.4%)	회사원(7.0%)
3위	연예인(9.9%)	연예인(6.2%)	공무원(6.2%)
4위	운동선수(9.4%)	법조인(4.4%)	자영업(3.7%)
5위	교수(6.5%)	공무원(3.8%)	간호사(3.3%)
상위 10대 직업	71.8%	59.6%	46.2%

출처 : 좋은교사운동 홈페이지 자료실 "좋은교사운동의 시대적 과제를 묻는다."

TV드라마에 나타난 유아교사의 이미지를 연구한 김현숙(2005)의 연구를 보면 보육교사의 이미지를 인성적 특성, 외형적 특성, 전문적 자질과 역할, 직업적 위상으로 나누어 설명하고 있다

- 인성적 특성 : 영유아를 사랑하는 사람, 온정적인 사람, 밝은 사람, 이타적인 사람, 순수한 사람, 여린 사람, 도덕적인 사람, 검소한 사람, 가정적인 사람, 열성적인 사람, 인내심이 있는 사람
- 외형적 특성 : 여성스럽고 수수하며 단정한 이미지, 청순한 이미지, 다소곳하고 얌전한 이미지, 청순가련형의 이미지, 자상하고 부드러운 이미지
- 전문적 자질과 역할 : 교육전문가 이미지(교수자, 상담자, 연구자), 올바른 직업관과 직업윤리, 부모와의 전문적인 상담, 영유아를 보호하는 이미지
- 직업적 위상 : 직업의식이 확고한 직업, 힘든 일을 하는 직업, 기본적인 보수를 받는 직업

(3) 일반인의 인식

네이버와 다음 같은, 우리나라 대표 포털 사이트에서 일반인들이 검색해보는 내용을 간추려보면 유치원 교사와 어린이집 교

사에 대한 내용은 다음과 같다. 사이트의 제시된 설명이지만 최근 개정된 사항은 저자가 수정 · 보완하였다.

〈유치원교사〉 – 서비스(전문직)

특 성	유치원 교사는 학교에 입학하기 전 연령의 아동에게 필요한 교육을 실시한다. 유아들이 건강한 생활을 할 수 있도록 기초 체력을 기르고, 건강하고 안전한 생활습관을 가지도록 개인위생에 관한 내용과 안전생활을 가르치며, 유아들은 단체생활, 행사에 참여하기 등의 협동을 통하여 다른 사람과 더불어 생활하는 태도 및 공동체 의식을 함양할 수 있도록 사회생활 교육을 실시한다. 유아들의 발표, 토의, 관찰, 실험, 조사, 견학, 발표회 등 유아들이 직접 참여할 수 있는 다양한 수업방법들을 계획 · 활용하여 지도한다. 등원 및 계획하기, 실내 · 외 자유선택활동, 정리정돈 및 평가, 집단활동(토의, 게임, 노래, 음률, 요리, 신체활동, 동화, 동시, 동극, 조형활동 등), 실외활동(신체활동), 급식 및 간식, 하원 및 평가 교육과정을 계획 · 운영한다. 학부모를 대상으로 유아발달에 협조할 수 있는 부모교육, 가정통신문 발송, 출결사항 관리, 입학식 및 졸업식 준비 등 행정업무에도 관여하고 원아들의 유치원생활, 학습능력, 성격 등에 대해 학부모와 상담한다.
적성 및 흥미	관찰력, 통솔력, 돌발상황에 대처할 수 있는 능력 등이 요구되며, 올바른 교육을 위해 정확한 어휘구사능력을 갖춰야 한다. 아이들의 개인별 특성을 알아야 하기 때문에 섬세한 사람에게 유리하며, 인내력과 포용력이 있어야 한다. 사회형과 예술형의 흥미를 가진 사람에게 적합하며, 남에 대한 배려, 책임감, 자기통제 능력 등을 가진 사람들에게 유리하다.
정규교육 과정	유치원교사가 되기 위해서는 전문대학 또는 대학교에서 유아교육을 전공하고 유치원 2급 정교사 자격을 취득해야 한다.

〈어린이집 교사〉

보육교사의 정의	보육교사란 어린이집에서 보육을 전문적으로 하는 교사이다. 어린이집 교사라고 하지 않고 보육교사라고 한다.
보육교사가 하는 일	보육교사의 직장인 어린이집은 여러 가지 분류로 나뉜다. 설립인가 유형에 따라 민간, 국·공립, 직장 어린이집 등으로 분류되고 대상연령에 따라 영아전담과 일반 어린이집으로 분류하기도 한다. 다양한 어린이집에서 담임교사를 맡아 학급을 운영한다.
보육교사 1, 2, 3급의 차이점	어떤 경로로 취득하느냐에 따라 나뉘며 대학 졸업 시 2급, 교육훈련시설, 즉 보육교사교육원을 수료하면 3급 자격이 주어지며 실무경력과 보수교육을 통해 승진하는 시스템을 가진다.

(4) 자질에 관한 연구

영유아교육에 임하는 사람의 자질에 관한 연구가 초기에는 정서적으로 안정되어 있는지, 영유아를 사랑하는 사람인지와 같은 개인적인 측면에 중점을 두고 진행되었지만 최근에는 교사의 행동, 사고 과정과 같이 다양한 측면의 연구가 이루어지고 있다.

필리스Phyllis(1996)는 교사가 가지고 있어야 할 특성과 기술, 지식을 다음과 같이 제안하고 있다.

〈교사가 가지고 있어야 할 특성과 기술, 지식〉

특 성	영유아들과 함께 있는 것을 좋아하는 사람/ 영아반의 경우 양육의 경험이 있는 사람/ 유연한 사람/ 영유아들의 느린 행동을 인내심 있게 기다릴 수 있는 사람/ 영유아들이 모방해도 좋은 모델이 되어 줄 수 있는 사람/ 영유아들의 미숙한 언어를 들어주고 원활한 의사소통을 할 수 있는 사람 / 영유아들이 독립적으로 문제를 해결하도록 허락하고 기다려 주는 사람/ 영유아와 성인의 차이를 알고 수용하는 사람/ 동료나 학부모와의 팀워크를 즐기는 사람/ 건강하고 역동적인 성격의 사람/ 함께 일하는 성인들과 나눌 수 있는 다양한 관심을 가진 사람/ 지속적으로 배우고 자기 발전을 위해 노력하는 사람
기 술	영유아의 동기를 유발하는 환경 구성 능력/ 영유아가 스스로 선택하도록 자극하는 활동 내용 구상 능력/ 영유아의 신체 발달을 증진시키는 능력/ 영유아가 성취감을 느끼도록 도와주는 능력/ 영유아 각자의 차이를 수용하는 환경 구성 능력/ 성취도를 측정하고 평가하는 능력
지 식	일반적인 발달과 특수한 발달의 요구/ 영유아들의 놀이와 학습 과정/ 영유아가 몰입하는 매체 제작법/ 가족과 영유아의 상호관계/ 학부형과 파트너십을 형성하는 법/ 의사소통 기술/ 컴퓨터 사용법/ 영유아가 좋아하는 음식에 대한 지식/ 급 · 간식의 제공법

저자는 케르셴슈타이너Georg Kerschensteiner의 정의를 중심으로 교육자로서 원장에게 필요한 자질을 4가지 유형으로 제시하고자 한다.

• 개개인에 대해 순수한 사랑을 가진 자

순수한 사랑은 모든 사랑을 능가하며 이 사랑에 따라 일하는 것을 가장 큰 기쁨으로 삼는다. 말과 행동이 영유아를 격려하며 눈빛이 따뜻하고 좋은 경청자이다. 영유아의 성장과 발달에 영향을 미치는 순수한 애정은 자신에게도 끊임없이 기쁨을 준다. 이러한 특징을 가진 원장의 기관에서는 영유아들과 교사가 모두 행복하게 하루하루를 살아간다. 영유아에 대한 순수한 사랑이 제일 조건이라고 믿는다.

• 효과적으로 사랑에 따르는 능력을 가진 자

훌륭한 교육자에게 가장 중요한 것은 첫째 유형에서 다루었던 순수한 사랑이지만 순수한 사랑만으로는 실천적 교육자가 되지 못한다. 순수한 사랑을 효과적으로 활용하는 것이 필요하다. 즉, 영유아의 본질을 파악하고 적절한 교육방법을 선택하여 효과를 예견하는 재능을 의미한다. 원장에게는 영유아를 정확하게 파악하여 적절한 조치와 수단을 인식하고 실천하는 능력이 있어야 한다. 이러한 능력은 후천적 훈련보다는 선천적인 민감성과 교양에 바탕을 둔다.

• 미성숙자에게 쏠리는 독특한 관심을 가진 자

의사의 환자에 대한 관심, 동물원장의 동물에 대한 관심처럼 현재 성장하고 있는 영유아에게 갖는 심리적인 관심을 의미한다. 대부분의 원장은 영유아에게 독특한 관심을 가졌기 때문에 현재의 직업을 택했다고 본다. 현장에 투입되기 이전에 본인이 지도해야 하는 영유아들에 대해 자기도 모르게 관심이 쏠렸던 경험이 있어야 하며 발달 특성에 대한 지식이 풍부해야 하고 이상적인 인간성의 전형적인 모습이 되어야 한다. 자기 나름대로의 교육목표를 가져야 할 것이다. 아울러 모든 영유아에 대한 관심과 열정이 객관적인 시각에서 쏟아 부어져야 할 것이다.

• 개개인의 특수성을 고려하면서 영유아의 발달 강화에 영향을 주려는 의도를 가진 자

영유아에게 주어진 소질을 발견해내고 새로운 의욕을 가질 수 있도록 결정적인 강화와 영향을 줄 수 있어야 한다. 이러한 과정에서는 영유아에 대한 이해가 선행되어야 하며 많은 이론의 습득과 응용 기술을 익혀야 한다. 자격을 갖추는 과정에서 학습한 내용 외에도 변화하는 현장에 대한 공부 역시 열심히 배우고 익혀야 한다.

결론적으로 원장은 사랑이 많은 성품이어야 하며 선천적인 능력이 교육기관에 적합해야 한다. 영유아에게 다정다감하고 사랑이 많은 성품을 지녀야 하는 반면 객관성을 유지하기 위해 냉철한 이성적 사고도 요구된다. 선천적인 능력이 영유아교육 현장에 적합해야 하고 후천적으로 습득하는 이론과 실기에도 능해야 한다.

원장리더십의 키포인트로 시대에 대한 혜안, 실력과 더불어 성품을 강조하면서 글을 쓰고 있다. 집필을 위해 책의 목차를 만들면서 실력과 성품 중에서 어느 쪽에 더 많은 비중을 두고 쓸 것인가를 놓고 몇 차례 순서를 변경해가며 얻은 결론은 성품이 먼저! 였다.

원장은 반드시 유아교육과나 아동학과 같은 분야를 전공한 전문인이어야 한다는 견해를 가지고 현장을 들여다본 적도 있었다. 신출내기 교사들의 관점에서는 수업이나 학급운영 같은 측면의 지식과 정보, 전략을 가르쳐주는 리더가 필요하다고 생각했다. 하지만 이러한 전공영역의 지식과 정보, 전략은 유능한 중간관리자, 즉 원감이나 주임교사도 제공해줄 수 있다는 것이다. 전문적인 지도에 강한 원장에게서 교사들의 실력 향상이라는 부분은 충족시킬 수 있겠지만 인격의 부재는 기관에서의 근무 자체를 힘들게 만든다. 원장의 성품을 존경하고 따르는 교직원들은 자율장학과 같은 과정을 통해 교사그룹끼리 실력을 신장시키는 노력이 가능할 것이다. 성품이 먼저이다. 단, 내 기관의 운영 강조점이나 방향에 대한 주관은 실력을 전제로 설정되어야 한다.

어떻게 하면 믿고 따르는 교직원들과 함께 살아갈 수 있을까? 내 성품의 좋은 점을 찾아 발전시킬 수 있는 방법들을 찾아보자.

▶ 원장으로서 나의 강점 10가지와 약점 3가지의 개선방법을 적어 본다.

강점

약점과 개선방법

2) 적합한 특성

현장에서 행해지는 교육의 질은 그 현장을 이끌어가는 원장과 교사의 수준을 능가할 수 없다. 유아교육현장에서의 교육수준을 높이기 위해서는 유아교육에 대한 정체성과 전문성을 가지고 있어야하며, 영 · 유아의 전인적인 성장 · 발달을 위해 영 · 유아를 보살피고 가르치는 역할을 수행한다.

(1) 직업으로 선택하는 동기

대부분 교사직을 거쳐 원장이 되는 직업 특성상 초기 교사가 되고자 했던 동기가 무엇이었는지 보기 위해, 대학이나 전문대학에서 유아교육과를 지원하는 학생들의 성향을 보면 오래 전부터 교사를 꿈꾸고 유아들을 좋아했던 것으로 조사되었다. 고동섭(2001)의 연구에 의하면, '유치원 교사가 된 동기' 가 다음과 같이 조사되었음을 알 수 있다.

- 어릴 적부터의 꿈 69.35%
- 아이들이 좋아서 20.16%
- 종교단체에서의 유치부 교사경험 6.45%
- 자격증을 딸 수 있어서 2.41%
- 유치원 운영을 하고 싶어서 0.8%
- 평생 직업으로 적절해서 0.8%

나의 동기를 다시 한번 점검해보자.

▶ 영유아교육을 직업으로 선택한 동기는 무엇인가?

▶ 원장이 되고자 했던 동기는 무엇인가?

▶ 원장으로서 나는 행복한가?

▶ 처음 원장이 되었을 때 포부대로 경영하고 있는가?
아니라면 그 원인은 무엇이며 보완책은 있는가?

또 하나의 자료인 이경민(2002)의 연구를 보면 '유치원 교사라는 직업이 다른 직업에 비해 갖는 장점' 은 다음과 같다.

- 늘 순수한 아이들과 함께 생활한다 50.97%
- 유아의 인격형성에 영향을 미칠 수 있다 7.72%
- 교육을 통해 보람을 느낄 수 있다 3.38%
- 자녀 양육에 도움이 된다 3.38%
- 늘 새롭다 2.42%
- 성차별이 없다 2.42%
- 본인의 인격형성에 도움이 된다 2.42%
- 존경받는 직업이다 2.42%
- 창의적인 직업이다 1.93%
- 기타(취업용이, 유아이해 도움) 1.44%

이러한 연구물들을 보면 원장이 되기 위해 갖는 직업, 유아교사들의 공통점은 기본적으로 유아들을 좋아하고 자신의 적성이 맞기 때문에 선택한 것으로 해석된다. 유아교사직은 소위 보육의 개념, 즉 가르치는 일과 돌봄의 양면을 이해하고 보육의 대상이 되는 유아들의 요구를 고려하면서 최선의 것을 제공하기 위해 노력해야 하는 직업인 것이다.

원장이 되고자 했던 동기를 늘 생각하면서 자신이 어디로 가고 있는지 알아야 한다. 인간의 성공이란 하고자 하는 일이나 뜻을 이루는 것을 의미한다. 원장 자신의 성공을 위해 가고 있는 길이 목표에 적합한지 점검한다. 좋은 지도자는 전략을 가지고 있다. 좋은 전략은 목적, 목표, 우선순위, 계획, 지침을 가지고 있다. 일의 이유를 알기 위해, 흥미를 지속시키기 위해, 무엇을 해야 하는가를 알기 위해, 방법을 알기 위해, 일을 평가하기 위해, 원장으로서의 지도력을 행사하기 위해, 위험한 시기를 극복하기 위해 전략이 필요하다.

리더는 조직을 살리는 사람이다. 조직Organization은 '살아있는 유기체로 만드는 것'이라는 뜻을 가지고 있다. 조직을 활성화시키지 못하고 죽인다면 이미 리더로서의 자격을 상실한 사람이라고 볼 수 있다. 리더는 추진력을 창출해내고 그러한 추진력을 붙잡고 함께 일하는 사람들에게 동기부여가 될 때 장애물도 작게 보이고 고난까지도 일시적인 것으로 보일 수 있다. 조직 구성원이 속한 조직을 자랑스럽게 생각하며 기쁘게 일하고 리더와 추종자 모두 서로 존중할 때 조직의 활성화가 가능하다. 리더는 종사자들에게 힘을 불어 넣는 사람이다. 처칠은 "국민에게 희망을 불어 넣지 못할 때 지도자는 자격을 상실한다"고 말한다. 영유아교육기관의 원장도 자신과 함께 일하는 교직원에게 희망적인 성취동기를 부여해야 한다.

왜 원장이 되려고 했는지 자신의 철학을 점검해가면서 운영한다면 영유아교육 시장의 수많은 정보와 유행에 쉽게 흔들리지 않고 주관에 따라 자신 있게 운영할 수 있다. 원장은 의사결정자의 역할을 수행해야 하는 만큼 자신의 철학을 확고히 하고 난 후 종사자들에게 길을 찾아 주어야 한다. 보다 높은 자리, 힘 있는 자리에서 명령만 내리는 권력자가 아니라 교직원 한 사람 한 사람의 장점을 살려서 기관의 운영철학에 맞게 역할을 줌으로써 모두가 주인의식을 갖게 할 수 있다.

원장이라는 리더의 역할은 목적에 대한 비전을 품고 어떻게 그곳에 도착할 지를 생각한다. 성공하기 위해 어떤 대원이 그 팀에 필요한지를 생각한다. 추진과정에 방해물이 나타나기 오래 전에 어떤 방해물이 나타날 것인지도 생각한다. 낙관과 실제, 직관과 계획, 믿음과 실제 등의 균형을 생각한다. 이러한 과정에 성공의 비밀은 준비이다. 원장이 준비가 잘되어 있을 때 교직원에게 신뢰와 믿음을 줄 수 있다. 좋은 리더로서의 원장은 교직원을 어느 곳으로든 올바르게 인도할 수 있는 능력을 지닌 사람이다.

(2) 순수한 영유아들에게서 보람을 느끼는 적성

많은 수의 영유아와 오랜 시간 동안 생활해야 하므로 자기중심적인 영유아들의 특성을 이해하고 그들의 변화에 기뻐하며 보람을 느끼는 성품이 요구된다. 저자가 서울특별시보육정보센터와 어린이집을 동시에 개소시키고 기본을 잡아가는 와중에 겸임교수 등의 여러 업무와 병행하면서 늘 시간에 쫓기고 건강이 염려될 만큼 번잡하게 살아갈 때 위로받고 힘을 내던 장소는 1세 미만 영아들의 교실이었다(0은 아무 것도 없는 상태 같아서 나는 개인적으로 0세라는 표현이 싫다. 1세 미만으로 기술한 이유이다). 어제까지 누워있던 아기가 뒤집는 장면, 두 개의 이가 올라오기 시작하면서 보이는 표정, 기어다니던 아기가 바닥에 있는 물품을 가져다가 주인인 다른 아기에게 주는 행동, 기저귀를 차고 뒤뚱거리며 모든 것을 탐구하는 동작, 혼신의 힘을 다해 일어서서 생애 첫 직립보행 자세를 취하던 모습...... 매일 새롭게 변화되는 성장 · 발달을 보고 있노라면 곧 재충전이 되곤 했었다. 이제와 생각하니 당시의 담임선생님들은 자신들의 교실에 자주 들락거리던 원장이 부담스러웠을지 모르겠다. 세 분 모두 지금은 원장으로 일하고 계시니 이해해 주시리라 믿어본다.

영유아교육 현장은 여러 발달 측면에서 아직 미성숙한 영유아들을 교육하고 보호하기 때문에 육체적 · 정신적으로 매우 강해야 하며 다른 상급학교와는 비교도 되지 않을 정도의 인내력을 요구한다. 따라서 영유아를 좋아해야 하는 기본 전제에 더하여 성숙한 인품과 함께 신체적 · 정신적 건강이 필요하다.

이러한 자질들은 개인적인 자질이라고 할 수 있으며 여러 학자들에 의해 강조되고 있는데 이은화 · 배소연 · 조부경(1995)은 정신적 건강에 대해 긍정적 자아관, 타인에 대한 긍정적 사고, 건전한 인생관, 정서적 안정을 강조하고 있다(박은혜, 2003 재인용).

(3) 영유아들의 생활 전반에 영향을 미치는 인격

가정과 같은 분위기의 직장에서 생활하는 원장과 교직원은 영유아들에게 좋은 동기유발을 해주고 교실 내 크고 작은 갈등을 잘 조정해 줄 수 있는 여유 있는 성격과 객관성이 있어야 한다. 하루종일 영유아들의 소음이 긴장과 짜증을 주기도 하지만 항상 밝은 표정과 따뜻한 시선으로 사랑을 느끼게 하는 모습을 보여야 한다. 영유아들의 삶 속에 성인의 행동은 모방을 유발시키고 인격의 성장에도 영향을 미친다.

유아들은 어떤 교사를 좋아하는 지 정리한 내용을 보면 다음과 같다(박은혜, 2003).

- 유아들은 아름다운 옷차림의 교사를 좋아한다.
- 유아들은 교사의 밝은 표정과 태도를 좋아한다.
- 유아들은 부지런한 교사를 좋아한다.
- 유아들은 누구에게나 공평하고 편애하지 않는 교사를 좋아한다.
- 유아들은 자신의 소질과 능력을 인정하고 격려해주는 교사를 좋아한다.
- 유아들은 자신의 장점과 흥미를 알고 상호작용해주는 교사를 좋아한다.
- 유아들은 온화한 음성으로 말하는 교사를 좋아한다.
- 유아들은 인내력을 가지고 자신을 대하는 교사를 좋아한다.
- 유아들은 정의롭고 용감한 교사를 좋아한다.

(4) 자율적이고 창의적인 성격

영유아를 위한 교육과정은 정해진 진도나 지침에 따라 편성되지 않고 기관의 여러 가지 요인에 따라 교사의 자율로 편성되기 때문에 자신의 학급에 필요한 교육과정을 편성하고 적합한 수업을 끌어낼 수 있는 창의성이 요구된다.

여러 가지 관점 중 진보주의 관점에서의 교육은 삶에 필요한 문제들을 해결해가는 능력으로 정의된다. 지식이 생활에 적용될 수 있는 실질적인 것이어야 한다고 보기 때문이다. 따라서 학습자인 영유아가 스스로 학습해나갈 수 있도록 흥미를 존중하고 조언하며 촉진하는 리더의 능력을 가져야 한다. 주의집중력이 짧고 금방 싫증을 내는 영유아의 특성을 이해한다면 다양한 교수방법으로 수업을 끌어가는 창의적인 리더십이 요구된다.

(5) 학습자의 특성과 학습의 결과에 대한 이해

영유아기에는 개인차가 크고 연령이 어릴수록 발달의 차이는 현격하다. 특히 1세 미만의 학급을 들여다보면 출생 후 3개월인 영아는 하루의 거의 모든 시간을 수면으로 보내지만 12개월 영아는 걸음마가 가능하여 교실의 모든 곳을 탐색하며 돌아다니기를 좋아한다. 이렇게 발달차가 다른 영아들을 위해서는 같은 교실 내에서도 각 개인에 대해 별도의 교육목표와 교수방법이 요구된다.

아무리 훌륭한 교육목표를 가지고 수업을 계획한다 해도 영유아들에게 적합하지 못하면 흥미를 끌지 못하기 때문에 수업이 진행되지 못한다. 내 기관의 영유아를 정확하게 파악하여 이해하고 교육과정을 편성해야 한다. 이러한 이유 때문에 영유아의 발달에 대한 연구와 이해가 필수적인 것이 된다.

적합한 교육과정을 편성했다 하더라도 전달방법이 적합하지 못하면 영유아의 흥미를 끌지 못한다. 영유아에게 전달하고자 하는 내용을 위해 어떠한 교수법을 사용해야 하는지 연구해야 한다. 지식을 체계화한 교과에 대한 지식뿐만이 아니라 전달방법에 있어서도 연구하고 적용하는 노력을 가져야 한다.

영유아들을 위한 교실은 상급학교의 교실처럼 책상과 의자만으로 구성되지 않는다. 주로 한 가지 주제를 중심으로 하루의 수업이 이루어지기 때문에 그 주제를 전달할 환경구성이 되어야 한다. 환경은 교실 내에 게시되어 있는 그림이나 사진자료들, 소집단으로 들어가 놀 수 있는 각 흥미영역의 구성, 흥미영역에 제시되는 주제관련 놀잇감 등을 의미한다.

교육과정의 목표를 달성하고 내용을 잘 전달하기 위한 교수매체의 선정도 중요하다. 전달하고자 하는 내용을 그림자료로 보여줄 것인지, 교사의 표정과 육성을 활용한 구연으로 할 것인지, 인형극으로 보여줄 것인지, 직접 교구를 가지고 체험하여 습득하게 할 것인지 결정해야 한다. 교사들의 수업 계획안에 대해 적합성의 여부를 판단하고 지도해 줄 수 있어야 한다.

영유아의 교육에서는 놀이와 학습을 분리해서 생각할 수 없기 때문에 발달 수준과 특성에 맞는 바람직한 교구 · 교재에 대한 연구가 필요하며 그에 못지 않게 활용하는 방법도 숙지되어야 한다. 교구 · 교재의 선택은 놀이의 질과 유형을 결정하고 흥미나 동기유발에 영향을 미치기 때문이다. 교구 · 교재를 구입하고 지도하는 방법은 저자의 책 『교구교재 연구 및 지도법』(2010)을 참고하기 바란다.

평가는 다음 차시의 일과진행을 위해 꼭 필요한 절차이다. 수업을 진행하고 난 뒤 하루일과가 애초의 교육목표를 달성했는지, 구성한 환경이 효과적이었는지, 적합한 교수매체를 사용하고 결과가 좋았는지 등을 평가해보아야 한다. 교사들이 내려놓은 평가에 대해 원장의 지도가 수반되어야 한다.

이러한 평가는 수업에 국한되는 것이 아니라 자신의 삶에 대한 평가로 포괄적인 의미를 갖는다. 평가는 가르치는 직업을 가진 자로서의 행위에 대한 결과를 충분히 검토하는 것을 말하며 책임감과도 관련지어 볼 수 있다. 이러한 책임감은 반성적인 사고와 활동을 통해 다져질 수 있다. 잘된 부분은 다음 과정에 더 발전시켜서 적용하고 잘못된 부분은 개선점을 모색해야 한다. 항상 발전하려는 노력과 배우는 자세로 자신의 직업영역에서 성장하려는 욕구가 있어야 한다. 반성적 사고과정으로 지금까지의 자신의 행위에 대해 사려깊고 분석적인 평가로부터 미래행위에 대한 방향을 결정해가면서 발전적인 삶을 살아야 한다.

▶ 나는 교사들의 학급운영 및 일과를 위한 계획, 실행, 평가의 과정을 지도하고 있는가?

▶ 지도를 하고 있다면 환경구성, 교구 · 교재, 전달방식, 상호작용 등의 평가를 하고 있는가? 평가내용에 대한 교육을 병행하고 있는가?

▶ 우리 교사들은 목표에 적합한 일과를 진행하고 평가하고 있다고 생각하는가?

▶ 기관의 분위기는 나의 경영방침과 일치하다고 볼 수 있는가?

▶ 올해의 평가를 내년의 계획에 반영하고 있는가?

2. 좋은 멘토로서의 삶

인간의 삶이나 주장에서 존경심이 생기고 본받고 싶어지는 대상을 멘토mentor라고 한다. 멘토라는 용어는 과거 희랍 신화에 나오는 사람의 이름으로, 트로이 전쟁에 나가야 했던 오딧세이가 자신의 친구 멘토에게 아들의 교육을 맡기고 간 사례에서 유래되었으며 '훌륭한 선생'이라는 뜻이다. 멘토 아래서 학문과 인격을 배우는 사람을 멘티mentee라 부르고 멘토와 멘티의 관계를 가리켜서 멘토링이라고 부른다.

교직원 관리 측면에서도 신입직원과 경력직원을 멘토와 멘티 관계가 될 수 있게 짝을 맺어주면 서로 좋은 영향을 주고받을 수 있다. 영유아교육기관에서의 원장과 교직원의 관계, 원장과 영유아의 관계 역시 좋은 멘토링의 관계가 될 수 있도록 노력해야 할 것이다.

자신을 돌아보는 과정에는 자신에게 누가 중요하고 소중한 것이 무엇인지, 현재의 기관에서 책임과 사명은 무엇인지, 기관을 거쳐 간 교직원, 원아, 부모, 실습생이 원장으로서의 자신을 어떻게 기억할 것인지, 어떻게 기억하기를 기대하는지 고려해봐야 한다.

요즘 우리 사회는 존경받는 지도자가 너무 없다는 탄식이 나오고 있으며 참다운 리더를 찾아 본받고 싶어 한다. 영유아교육기관의 원장도 조직의 리더로서 교직원들의 존경을 받기 위해 노력하는 모습을 보여야 할 것이다. 재직하고 있는 기관 내에서 함께 종사하는 교직원들이 자신을 어느 정도 존경하는지 파악해 보는 노력도 필요하다.

10년 후 혹은 20년 후 같은 분야를 전공하고 있는 후배들에게 삶이나 진로의 모델이 되어 줄 수 있는지 생각해 볼 필요가 있다. 이와 같은 노력들은 자신의 리더십에 보탬이 되며 교직원들에게는 생기를 불어 넣어 주는 계기가 될 수 있다.

1) 역할에서의 모범

원장의 리더십에 의지할 수 있도록 자신의 역할에서 모범을 보여야 한다. 원장 자신의 할 일과 다른 사람이 할 일들의 한계를 구분지어 놓는 작업이 필요하며 원장 자신의 역할을 모범적으로 명료하게 수행해내야 할 필요가 있다. 기관경영을 총괄해야 하는 직책은 관청, 교사, 원아, 학부모, 외부인들로부터 요구받는 것이 아주 많기 때문에 교사나 다른 종사자가 처리해도 될 작은 일에 정신을 빼앗기게 되는 경우가 자주 있고, 너무 많은 일 속에서 압박감도 몹시 심하다. 이러한 압박감은 대인관계에 악영향을 미칠 수 있다. 감정을 조절하지 못하고 존경받지 못한 언행을 보인 후 뒤늦은 후회를 하게 된다. 인간의 원초적인 모습은 심한 스트레스 상황에서 돌출된다. 막말이나 거친 행동을 목격한 교직원은 어떤 방법으로도 내게 되돌아오지 않는다. 원장 자신의 안정적인 정서상태를 위해서도 업무라인을 잘 만들고 여유있게 관리해야 한다.

원장은 사소한 참견보다는 진행되는 업무들의 큰 틀을 만들고 맥을 짚어주는 역할을 해야 하며 세부적인 업무분장으로 놓치는 업무가 없도록 지도해야 한다. 전체 업무의 15% 정도만 직접 하라고 제안하고 싶다. 업무를 분장해주는 요령과 사례는 저자의 책 『영유아교육기관 운영관리』(2011)를 참고하기 바란다. 원장 자신의 역할에 대해 자신감이 결여되고 확신이 없을 때는 다른 사람을 이끄는 지도자가 될 수 없으므로 역할의 한계를 분명히 하고 자신의 일에서 모범을 보인다.

2) 주변사람에 대한 관심과 사랑

원장은 주변사람들에게 관심을 갖는 사랑이 있어야 한다. 해결해야 하는 업무보다 자기와 함께 일하는 사람들이 더 중요하다는 것을 보여줄 수 있는 시간이 반드시 필요하다. 윗사람이 사랑을 많이 보여줄수록 조직 내의 유대관계가 좋아지고 바람직한 소속감을 갖게 할 수 있다.

사랑을 보여주는 방법은 교직원 개개인의 특성을 파악하여 적합한 것으로 제공해야 한다. 어느 날 라디오 프로그램에서 한 청취자가 항의하는 내용을 들었다. 항의의 요지는 '나는 제주도에 사는데 상품으로 제주도 여행권이 왔다. 다른 것으로 교환해 달라' 였다. 처음에는 웃음이 나왔다. 열심히 글을 써서 응모했고 채택되었는데 받은 상품이 자신에게 무용지물이라면 화가 나는 건 당연하다고 이해가 되었다. 교직원에게 주는 사랑과 격려도 당사자가 필요로 하는 것을 주려고 노력하자. 교사관리에 관한 것은 책의 뒷부분에서 좀더 전문적이고 구체적으로 다루려 한다.

자신 있고 유능한 원장은 자신과 함께 일하는 사람들을 보호해주고 감싸준다. 또한 그들의 삶에 문제가 있을 때도 그들을 변호해준다. 리더의 성공과 실패의 역사는 신뢰에서 큰 차이를 보인다. 신뢰를 쌓기 위해 리더는 유능함, 관계맺기, 인격이 필요하다. 능력 면에서 실수를 했다하더라도 사람들은 실수를 용서할 수 있지만 인격적으로 잘못된 리더는 신뢰하지 않는다. 리더십에서 인격의 부재는 치명적이며 신뢰를 잃은 리더는 사람들에게 지속적인 영향을 줄 수 없다.

3) 문제점 점검

좋은 멘토가 되기 위해 노력하는 과정에서 자신이 지니는 문제들을 확인해 볼 필요가 있다. 현재 생활에서 어느 정도 표출되는지 점검해 보기 바란다.

• 지나치게 바쁨

우리의 직장은 식사지도까지 업무의 일환이기 때문에 정말 번잡하고 바쁘다. 교사처럼 수업의 일과를 직접 수행하지 않는다고 해도 원장의 일과 역시 하루가 어떻게 지나가는지 모르게 많은 일들로 채워진다. 영유아들을 교육하고 보육하는 기관의 일은 알면 알수록, 익숙하면 익숙해질수록, 오래 하면 할수록 점점 그 일의 양이 증가한다는 점에 동의할 것이다. 그만큼 신경 쓰고 챙겨야 일이 많고 인력이 부족한 직장이기 때문이다.

초등학교 이상의 상급기관에는 교육업무를 위해 각 교과별 부장교사가 있고 교사 외에도 재정관리 업무, 시설관리 업무 등을 해주는 별도 인력이 있지만 우리의 기관은 모조리 원장의 책임이 따르는 업무이다. 규모가 작을수록 원장이 신경 써야 할 업무가 많고 규모가 클수록 인사관리에서 오는 어려움이 많다. 효율적인 시간 관리방법을 모색하여 중요한 일을 놓치지 않으면서 원활하게 모든 업무를 처리하는 능력이 요구된다. 시간관리 등

자기경영에 대한 내용은 책의 뒷부분에서 다시 한번 다루도록 하겠다.

• 자신에게 지나치게 많은 것을 요구함

우리의 현장에서 오래 일하다 보면 다양한 유형의 직업병을 볼 수 있다. 위장장애, 갑상선 질환, 대장질환, 두통 등으로 고통 받는 원장들을 만나게 된다. 대부분 스트레스가 원인이라고 진단 받은 질병이 많다. 자신의 능력에 맞게 업무를 안배하고 위임할 수 있는 것은 위임하면서 건강을 관리해야 한다. 유능한 리더들은 적합한 인물에게 권한과 업무를 위임하여 능력을 발휘하게 한다. 완벽주의자 같은 성격을 가진 경우 외부적인 스트레스보다 스스로 스트레스를 유발시키게 된다. 바쁠수록 호흡을 가다듬고 자신을 돌아보며 행복하게 일하는 것이 좋겠다.

• 성급함 때문에 내는 짜증

하루종일 많은 업무에 시달리다 보면 눈 앞에 닥치는 순서대로 빨리 해결해야 한다는 강박에 시달리기 쉽다. 바로 해결되어야 한다고 생각하는 일에 브레이크가 걸리면 화가 나고 주변사람에게 소리를 지르거나 질책하는 등 부정적인 직장인의 모습이 자주 노출될 수 있다. 우리 현장에서 일하는 원장들은 대부분 성격이 급하다. 심지어 일부는 호전적인 눈빛을 가지고 살아가며 조금만 불편에도 화를 내고 까다롭게 항의한다.

보육교사교육원장으로 일하던 경험을 들춰보면 각 교육원의 직원들이 가장 대하기 힘들어 하는 대상은 보수교육이나 재교육 과정에 참여하는 유아교육기관의 원장들이었다. 다른 강의에는 제공되지도 않는 간식을 성의껏 마련해놓으면 마음에 들지 않아 먹지 않겠다고 했다. 또 부탁하는 설문지를 박박 찢어버리면서 교육을 받으러 왔을 뿐 이런 거 하러 온 사람들이 아니니 똑바로 하라고 큰 소리를 칠 때는 마치 싸움닭이 짓는 표정처럼 느껴진다는 것이다. 이렇게 항의나 훈계로 돌출행동을 보이던 원장의 소속과 이름은 몇 년이 지나고도 평가시간마다 회자되었다.

외부교육에 참여할 때도 원장은 기관을 대표한 공인으로 행동해야 한다. 민원에 시달리는 데 정작 그 스트레스를 풀 곳이 없어서 그럴 수 있으니 이해하자며 직원들을 달랬지만 꼭 그래야만 했는지 의문이다. 그 장면의 주인공이던 원장들을 가끔 행사나 교육장에서 수강자로 만난다. 이름도 소속도 뚜렷하게 기억되면서 그 기관의 교직원이나 원아들은 참 불행할 것 같다는 짐작도 해본다.

• 지위에 대한 불안

우리나라의 유아교육기관은 유형과 운영체가 다양하기 때문에 일부분의 현장에서는 원장도 고용불안을 느낀다. 일부 지방자치단체의 국 · 공립기관들은 회계서류의 처리방식, 보조금 수령 절차에 대한 문서 보관 상태, 민원 발생 횟수, 원장의 연령 등의 잣대를 들이대며 해임을 시키기도 하고 순환발령을 통해 다른 기관의 업무를 시작하게 하고 있다. 앞으로도 이러한 일들은 보육의 질적 수준 관리라는 명분으로 많은 지역에서 발생되리라 예상된다. 고용원장이 아니고 자신의 기관을 운영하고 있는 원장 역시 저출산으로 인한 인구 감소, 국가가 지원하는 유사기관의 증가, 프로그램 운영에 대한 불신 등 여러 사유로 인해 원아가 줄어들고 있기 때문에 언제까지 기관을 유지하며 원장으로 살 수 있을지 불안감을 갖는다.

다른 분야와 다르게 우리가 일해온 현장은 일자리를 다시 찾을 기회가 많다. 공채과정을 통해 국 · 공립, 법인, 직장 등 다양한 운영체에서 고용원장으로 일할 수 있다. 각 지방자치단체에 기관을 지원하는 센터들도 증가하고 있기 때문에 센터에서의 일자리에 관심을 가져볼 수 있다. 평가인증제도 등에서 필요로 하는 관찰자로 활동하는 인력도 많아지고 있다. 교구사에서 일을 하거나 유아교육 관련 저술가가 될 수도 있으며 크고 작은 연구소를 통해 상담자나 강사로 활동할 수 있다.

저자가 본인 소유의 연구소를 만들고 일을 시작할 때의 일이다. 일처리를 강요하는 상사가 있는 것도 아니고 자신의 마음가는대로 속도를 조절해가며 일할 수 있는 자유로운 여건인데도 불구하고 실내에서도 혼자 뛰어다니는 자신을 발견하곤 했다. 서울특별시가 삼성에게 위탁한 건물에서 보육정보센터와 어린이집을 책임지고 있었으며 대학의 겸임교수로 주 9시간이나 강의를 했다. 동시에 육아상담 프로그램에 고정패널로 출연하고 있었고 정책이나 제도에 관련하여 많은 일을 했다. 일과 함께 취학 전 연령의 어린 아들을 키우는 워킹맘이었고 병석에 계시는 시어머님 때문에 마음도 편치 않은 상태에서 쫓기듯 일하던 습성이 쉽게 버려지지 않았다. 산적한 일거리로 마음이 급해서 항상 뛰어다녔으며 일에 브레이크가 걸리면 화가 났다.

오랜 내공 끝에 이제는 내 자신을 위해 연간, 월간, 주간, 일일계획안을 작성해보며 하고 싶은 업무들을 해결한다. 스트레스 해소와 노후 여가를 위한 준비 차원에서 문학강좌, 기타 동호회, 방송댄스 교실까지 꾸준히 섭렵하면서 살고 있다. 이러한 생활습관이 정착되어가는 것 같고 지속될 수 있었으면 좋겠다. 이제는 어떠한 경우에도 허둥대지 않고 안정된 마음으로 일에 임하려 노력한다. 현재의 지위에 불안함을 느낀다면 그 에너지를 긍정적인 방향으로 쏟아보기 바란다. 현재의 내 능력을 가지고 앞으로 어떤 일을 할 수 있으며 발전을 위한 준비사항이 무엇인지 파악하고 자기계발에 힘쓰는 일이 긍정적인 방향이다.

• 다른 사람들의 생각에 대한 과민반응

우리나라 사람들의 의식세계를 지배하는 것 중에 '남이 볼까 두렵다' 는 말이 있다. 부모들이 자녀의 잘못된 행동을 지도하는 과정에서도 '동네 창피하다' 는 말을 하는 경우가 많다. 남에게 피해를 주지 않은 상황이라면 항상 당당하게 일하자. 그들의 시선을 의식하지 않아도 된다. 남에게 피해를 주지 않는 상황인지 판단하는 통찰력은 필요하다. 이 글을 쓰다보니 오래 전 저자가 남에게 피해를 준다는 생각이 없이 당당하게 한 행동 하나가 생각나서 풀어써보려 한다.

모처럼 휴가를 내서 멀리 남해안 완도라는 섬까지 바다구경을 갔었다. 바다를 온몸으로 느끼며 즐길 기대를 하고 갔지만 머무는 내내 많은 비가 왔다. 숙소에서 책을 읽는 일에도 진력이 나서 사우나탕에 내려갔다. 가족들을 남탕으로 보내고 들어간 여탕에는 '서있는 때밀이 기계' 가 있었다. 처음 보는 것인지라 호기심이 발동해 사용해 보기로 했다. 창밖에는 비가 줄기차게 내리고 있었고 나가봤자 할 일도 없어서 그 기계를 대상으로 재미

있게 혼자놀이를 시작했다. 습기가 서리는 안경을 벗어두고 기계에게 온몸을 맡겼다. 어깨와 등을 맡겼다가 다리를 맡기고 다시 옆으로 돌아서가며 양팔의 상박과 하박을 맡기는 동안 사람들이 나를 힐끗힐끗 쳐다보는 느낌이 들어서 살며시 탕으로 돌아왔다. 다시 심심해져서 기계 가까이 가보니 이번에는 앞서 보지 못한 문구가 눈에 들어왔다. '때밀이 기계는 등이 아닌 부위 절대 사용 금지!!!' ...... 아뿔싸, 느낌표가 세 개나 붙은 빨강색 경고문을 발견했을 때의 난감함을 잊을 수 없다. 제가 눈이 나빠 이걸 못 봤습니다.....라고 사죄하고 탕에 있는 사람들과 주인에게 음료수를 돌렸다. 신이 나서 즐긴 나 혼자만의 행동이 모두에게 금지되어 있다는 사실도 모르고 당당하게 즐겼던 것이다.

사람들의 문화와 생각을 알고 있고 그에 맞게 적응한다면 과잉반응 같은 것은 불필요한 것이다. 원장만 모르는 일이 있고 교직원들의 반응이 이상하다고 느껴지면 필요 이상으로 예민해진다. 내가 속한 조직의 분위기와 상황을 파악하는 것 역시 리더의 필수업무이다. 행사 직후 교사들은 모두 일찍 집에 가서 쉬고 싶은데 회식을 권하고 2,3,4차까지 끌고다니는 배려 아닌 배려, 역시 상황판단을 못해 돈 날리고 시간 버리는 어리석은 행동이다. 부하 교직원들의 생각을 읽어주면서 당당하기! 어렵지만 실천해야 하는 일이다.

• 친밀한 관계에 대한 두려움

영유아교육기관은 직장이면서 가정 같은 양면적인 특성을 갖는다. 각자의 업무가 있어서 수행하고 있지만 같은 공간에서 해내는 가운데 구성원들의 특성이 적나라하게 드러날 수밖에 없다. 식사와 낮잠까지 포함되어 가정처럼 노출된 분위기에서 함께 생활하다 보면 오랜 세월 함께 근무한 교사들과는 비밀이 없어진다. 서로 너무 잘 안다는 이유로 상호간의 예의범절이 무너지거나 원장의 권위가 없어지기도 한다. 이러한 특성 때문에 원장의 프라이버시가 지켜지는 공간을 확보하는 것이 좋으며 원장 자신은 공인으로서의 언행에 대해 신경 쓰며 살아야 한다.

3. 소통

학력이 높고 많은 능력을 가졌다해도 의사소통 방법에 문제가 있다면 당사자는 물론이거니와 함께 생활하는 사람들 모두가 불행할 것이다. 원장의 커뮤니케이션 능력이 부족할 때 일의 지시를 받아 실행하는 과정에 혼선이 빚어질 뿐만이 아니라 서로를 이해하지 못하는 가운데 정서적으로 불편한 직장에서 생활하게 된다.

1) 회의 진행

원장의 말을 이해할 수 있도록 소통, 즉 커뮤니케이션의 중요성에 주의를 기울여야 한다. 사회생활의 실패원인을 분석한 한 연구에서 조사된 바에 의하면 전공지식의 부족이 20% 이하, 인간관계의 부족이 80%로 압도적인 비율을 차지하는 것으로 나타났다(김혜경, 2011). 교직원끼리의 커뮤니케이션을 원활하게 만들어주는 일도 원장의 중요한 역할이다.

영유아교육기관의 성격에 따라 다르지만 모든 기관은 회의라는 절차를 통해 경영에 관한 여러 가지를 결정한다. 회의는 단순히 원장의 의사를 전달하는 역할이 아니라 모든 사람의 지혜를 모아 공동으로 생각하여 어떤 문제의 해결방안을 찾아내는 것을 의미한다.

혹자는 의사소통과정에서 가장 기본이 되는 것은 말하는 것이 아니라 듣는 것이라고 한다. 한 기관의 장으로 오래 근무한 원장들 중에는 '다 알아, 내가 가장 잘 알고 있는 사람이니까 더 이상 말하지 마' 의 태도로 자신만의 아집을 드러내기도 한다. 다른 사람의 말을 듣지 않는 태도의 원장에게 교직원은 다가서지 않고 '뒷담화' 의 소재로 늘 원장을 활용하거나 가급적 피하게 된다.

회의시간을 통해 원장의 방침이나 의중을 알리는 것도 중요하지만 열린 마음으로 모두의 말에 귀기울여주는 경청의 자세가 필요하다. 교직원들의 허심탄회한 의견개진을 통해 다양한 요구사항을 수렴하고 반영해야 한다. 이러한 과정에서 원장과 모든 교직원들은 가치를 공유하고 추구하며 협심하여 일하게 된다. 기관의 성공은 모두가 한 방향을 바라보고 매진할 때 가능하다.

회의의 종류는 의사전달, 교담, 대담, 좌담, 협의, 토론회, 친목회 등 다양하다. 회의시간에는 원장과 교직원과의 상호작용을 진작시키기 위해 아래의 몇 가지 원칙을 지킨다.

- 시작부터 끝까지 일정 수 참석해야 하는 정족수의 원칙
- 누구나 의견을 낼 수 있는 발언자유의 원칙
- 상충되는 안건에 대해 과반수 및 다수결의 원칙
- 폭력 사용 금지의 원칙
- 소수 의견 존중의 원칙
- 동일한 일을 중복해서 문제 삼지 않는 일사부재리의 원칙

원장이 회의를 소집할 때는 방향과 목적을 정확히 하고 의제에 초점을 맞추어서 진행한다. 회의를 너무 자주 소집하고 지나치게 긴 시간 진행하는 직장에서의 회의는 '회의적懷疑的'이 된

다. 업무가 많은 교직원들이 시간을 아깝게 생각하고 참여하기 싫어하는 회의방식은 개선되어야 한다. 명확성을 요구하는 질문을 하고 주의가 산만해지지 않도록 한다. 회의에 적극적으로 참여하도록 유도하며 명확하고 체계적으로 설명한다.

▶ **월 2~5회 정도 회의를 하고 있는가?**

▶ **회의시간에 각 반의 주요 사항과 동태에 대해 귀기울여 보고를 받고 모두 공유하는가?**

▶ **회의방식은 단순 전달식인가 모두 의견을 내는 민주적 방식인가?**

▶ 전체회의, 부서회의, 회식과 병행한 회의 등 다양한 방식을 가지고 있는가?

▶ 원장의 발언에 대한 교사들의 태도는 대체적으로 긍정적인가?

▶ 회의시간을 지루해 한다는 것은 어떻게 알 수 있을까?

▶ 회의록을 작성하여 일정 기간별로 파일링해 놓고 있는가?

2) 집단과의 소통

교직원 관리를 하다보면 원장도 인간인지라 각 개인에 대한 호好, 불호不好를 갖게 된다. 모든 업무에 신뢰를 갖게 하는 사람이 있는가 하면 무슨 일을 시켜도 뒤돌아 확인해봐야 안심이 되는 사람이 있다. 어떤 표현을 해도 수용하고 따르는 사람이 있는가 하면 원장의 언행을 늘 삐딱하게 해석하는 사람도 있다. 각 사람에 대한 원장의 선호도 역시 다를 수밖에 없다. 하지만 리더는 개인적인 감정으로 부하직원을 대해서는 안 되며 어느 순간에도 냉철하고 공정하다는 인식을 갖게 해야 한다. 회의시간처럼 집단으로 대면하는 시간에 원장의 편견이나 차별이 드러나지 않도록 유의해야 할 것이다. 집단과 커뮤니케이션을 잘하는 방법을 활용한다.

- 전달하고자 하는 내용에 구성원 한 사람 한 사람이 중요하다는 것을 확인시키기
- 시선을 골고루 주면서 각 구성원과 눈 마주치기
- 나라는 말보다는 우리라는 말 사용하기
- 그들의 도움이 필요하다는 사실을 알리는 질문 사용하기 (예 더 좋은 방법이 없을까요? 등)
- 실수를 인정하고 솔직하게 사과하기

• 조직의 실패를 집단의 탓으로 돌리지 않기
• 교직원들의 이름과 호칭 불러 주기
• 한 개인을 좌석 배정에서 고립시키지 않기
• 집단 앞에서 한 개인에게 고맙다는 말 하지 않기
• 한 순간의 회피를 위해 거짓으로 대하지 않고 정직하기
• 각 개인에 관한 비밀을 존중하고 지켜주기
• 집단과 개인의 문제를 열린 마음으로 상담해 올 수 있는 분위기 갖추기
• 나와 상반된 견해를 가지고 있는 다른 사람 받아들이기

원장의 성품을 업그레드시키기 위해 피해야 할 방법은 다음과 같다. 아래의 특징을 버리지 않는 원장의 말에는 아무도 귀기울이지 않는다.

• 말을 너무 많이 하는 것
• 충분하지 못한 전달
• 욕설
• 과장해서 말하거나 막연하게 말하기
• 흑백논리
• 통계를 잘못 사용하기

• 권위를 잘못 사용하기
• 논점 피하기 혹은 관련없는 장황한 말

3) 세대격차 이해

세련된 커뮤니테이션을 위해 여러 기법을 사용하는 것도 필요하지만 세대 간의 격차를 존중하고 이해하려는 노력도 필요하다. 출 · 퇴근 시간, 급여, 분장된 업무 등에 대해 자신의 의견을 서슴없이 요구하고 쟁취하는 신입 교직원들이 무섭다고 말하는 원장도 있다. 하나 혹은 둘만 낳아 최대한 존중하여 키워온 우리 세대의 양육방식이 형성시켜놓은 차세대들의 특성이다. 스트레스가 많을 때 반항하는 상황을 접하면 이성을 잃고 후회할 언행을 보이게 된다. 항상 느긋한 마음으로 교사교육을 실시하고 그들의 말을 귀담아 듣는다.

영유아교육기관의 직장인으로서 소양을 갖출 수 있도록 해줘야 할 것 같다. 유치원 교육과정의 사회생활 영역, 어린이집 표준보육과정의 사회관계 영역의 내용에 명시된 교육내용이 영유아뿐만이 아니라 교직원들에게도 필요하다. 교사교육을 위한 자료는 저자의 책 『유아교사를 위한 교직의 이해』(2011)를 참고하기 바란다. 원장의 개입 없이 자율장학의 자료로 활용해도 좋다.

교사들의 언어 역시 지도해야 할 부분이다. IT강국인 우리나라에서는 젊은이들의 언어가 점점 축약어나 은어로 사용되는 경우가 많아지고 어른들은 '지하에 계신 세종대왕께서 통곡하다 일어나실 만큼' 심각한 언어훼손과 세대단절이 일어나고 있다고 통탄한다. 아래의 글은 2012년 1월, '젊은이들의 은어 얼마나 아십니까?' 라는 제목으로 여러 언론매체에 실렸던 내용 중 일부를 발췌한 것이다. 우리는 얼마나 이해할 수 있을까?

【문제 1】

가 : 어제는 미안, 엄크 떠서 GG했어.

나 : 난 또 너 파덜어택 당해서 오늘 학교 못 나오는 줄 알았다.

〈부모의 풀이〉

가 : 어제는 미안, 야동이 떠서 웃었어.

나 : 난 또 아빠가 너 집에 가둬서 오늘 학교 못 나오는 줄 알았다.

〈정답〉

가 : 어제는 미안, 엄마 크리(엄마가 갑자기 들어 옴) 떠서 게임을 끝냈어(Good Game).

나 : 난 또 아빠한테 혼나서 오늘 학교 못 나오는 줄 알았다.

【문제 2】

가 : 야, 나 버카충하게 돈 좀 빌려줘.

나 : 안 돼, 나 아템 현질하다 오링났어, 삼촌 오면 무조건 문상

달라고 해야 할 판이야.

〈부모의 풀이〉

가 : 야, 나 밥 먹게 돈 좀 빌려줘.

나 : 안돼, 나 아이템 때문에 현기증이 나 어지러워서 망했어. 삼촌 오면 무조건 용돈 달라고 해야 돼.

〈정답〉

가 : 야, 나 버스카드 충전하게 돈 좀 빌려줘.

나 : 안돼, 나 아이템 사느라 돈이 없어. 삼촌 오면 무조건 문화상품권 달라고 해야 할 판이야.

【문제 3】

가 : 재덕아, 희양이 진짜 센케 같지 않니?

나 : 어 완전 에바 심하더라.

〈부모의 풀이〉

가 : 재덕아, 희양이 진짜 화장 심하게 하지 않니?

나 : 어, 완전 애교 심하더라 .

〈정답〉

가 : 재덕아, 희양이 진짜 센 척하지 않니?

나 : 어, 완전 과장 심하더라.

이 기사를 읽고 난 후 버스정거장 주변을 지나가다 보니 '버카충'(버스카드 충전)이라는 단어가 마구 들렸고 에바(과장), 문상(문화상품권) 같은 단어도 들렸다. 세상은 아는 만큼, 관심 있는 만큼 들리고 보인다는 진리를 다시 한 번 체험했다. 젊은이들과 언어나 사고가 달라서 도통 못 알아들으니 대화 자체를 하지 않겠다는 태도는 잘못된 것이다. 공부하는 기계로 전락한 학생들은 뭔가 남과 다른 언어를 구사하면서 뒤틀린 쾌감과 위안을 얻는다는 것이다. 위의 대화에 나오는 언어를 사용하며 사는 학생들이 머잖아 우리의 현장에서 교직원이라는 숭고한 직업에 몸담게 된다. 그들의 사고와 언어에 비난으로 일관하기보다는, 열린 마음으로 이해하고 함께 하는 가운데 바른 길로 지도하려는 노력이 필요하다.

세대 간 문화차이의 중심에는 컴퓨터와 전화기의 진화과정이 들어 있다. 이 두 가지가 융합을 거듭하는 과정에 날마다 새로운 변화와 마주치게 된다. 나름 세상살이에 얼리어답터(early adopter : 제품이 출시될 때 가장 먼저 구입해 평가를 내린 뒤 주위에 제품의 정보를 알려주는 성향을 가진 소비자군)임을 자처하고 살아왔지만 지금은 스마트폰을 들여다보며 시도조차 낯선 기능들을 발견한다. 저자가 처음 무전기 크기의 폰을 들고 나타났을 때 대학교수에게 무슨 휴대폰이 필요하냐며 문제가 있는 사람 취급을 하던 시대가 불과 20여 년 전이다. 휴대폰은 이제 생활필수품이 되었으며 통화를 위해 시작된 물건이 이제는 인터넷을 상시로 사용할 수 있는 기능뿐만이 아니라 인간의 모든 일과에 밀착되어 있다. 밀착되어 있다기보다는 인간이 의존하는 대상이 되어 가고 있다. 과거에는 알아서 찾아갔던 길도 내비게이션 기능이 없으면 막막하고, 머릿속에 저장되어 있던 가족들의 전화번호까지도 이 작은 기구에게 손가락으로 내 체온을 전달하면서 알려달라고 애원해야 한다.

리더는 트렌드의 변화를 읽어야 한다. 이직율이 높은 우리의 현장에는 늘 신입교사가 들어온다. 딸 같은 연령의 세대이니까 이해할 수 없다고 말할 때 그들은 우리를 어머니 같은 연령의 구세대라고 말하며 벽을 느낄 것이다. 리더의 위치에 있는 우리가 먼저 그들에게 마음을 열어야 하고 문화를 이해하려 노력하고 존중해야 한다.

4) 의사소통 기술

원장에게는 교직원, 영유아, 학부모, 지역사회 등 다양한 대상과의 의사소통 기술이 필요하다. 한 기관이 환영받는 장소인지 또는 기분 나쁜 장소인지를 결정해주는 요인을 분석해 볼 때 원장이나 교직원의 태도, 가치, 인격들이 전반적인 환경에 영향을 미치는 것을 볼 수 있다. 의사를 전달하는 역할에서의 모습을 점검하고 자신의 기관이 '좋은 장소'라고 평가받을 수 있는 분위기를 만들어야 한다.

원장은 관리자로서 많은 사람들과 이야기를 나눈다. 다른 교직원에게 좋은 의사소통의 모델을 제공하는 것뿐만이 아니라 문제들을 막기 위해 의사소통 기술들을 개발하는 것이 중요하다. 우리는 자신의 의도를 상대가 명확하게 이해했다고 확신했다가 상대방의 해석에 놀라서 당황하는 경우가 있다.

원장이 언어를 통해 자신의 생각을 다른 사람에게 전달하려고 할 때 유의해야 할 점은 상대방과 내가 같은 경험을 모두 함께 할 수 없다는 것이다. 원장이 자신의 과거에 근거를 두고 교직원을 대할 때 듣고 있는 사람들은 그들만의 해석을 하거나 감정적인 반응을 일으킨다. 가끔 원장의 언어 중 '내가 교사 때는…' 이라는 문장이 설득력이 없는 이유가 바로 이러한 경험상의 차이라고 말할 수 있다.

똑같은 문장도 말하는 사람의 목소리 톤에 따라 다양한 메시지를 전달할 수 있다. 예를 들어, 교직원에게 '잠깐 원장실로 와 보세요!' 라는 한 문장이 목소리나 억양에 따라 많은 해석을 낳게 한다. 회식자리와 같은 격의 없는 자리에서 원장 자신의 억양이나 목소리톤에 대해 교직원들의 의견을 들어볼 필요가 있다. 목소리 톤이나 억양과 같은 언어적인 것뿐만이 아니라 표정들, 말하는 사이의 제스처나 행동들도 각각 다른 의미의 해석을 낳을 수 있다. 말하는 동안 시선을 마주치지 않거나 너무 가깝게 다가가서 훈계하듯 말하는 경우 다른 사람들은 이러한 교묘한 표현에 대해 민감한 반응을 보일 수 있으므로 자연스러운 제스처와 시선처리가 요구된다.

원장의 하루는 다른 사람과의 의사소통을 통해 이루어지므로 가능한 문제들을 피하는 방법을 개발하고 자신의 언행과 태도 중에 어떤 것이 변화되어야 하는지 결정한다. 효과적인 의사소통을 위한 요소는 잘 들어주는 능력이며, 다른 사람이 말하는 것을 잘 듣고 원장이 반응하기 전에 상대방이 모든 것을 표현하도록 하는 것이다. 잘 들어주는 자세에는 아래의 내용이 포함된다.

- 상대방이 말하거나 보고하고 있을 때 멈추고 끼어들며 방해하지 말 것
- 원장 자신의 사적인 감정이나 마음 속의 생각을 버리고 말하는 사람에게 집중할 것
- 말하는 사람의 외모나 전달방법이 아닌 말하는 '내용'에 집중할 것
- 눈맞춤이나 몸짓으로 잘 듣고 있음을 전달할 것
- 웃음이나 언어(계속 해봐요, 이해해요…) 등으로 계속 말하도록 격려할 것

• 말하는 사람의 의도를 알아차릴 것
• 가장 중요한 개념과 필요 없는 내용을 구분하는 센스를 가질 것
• 말하는 내용에 대해 알고 있는 것을 체크하고 요약할 것

잘 들어주는 자세와 더불어 원장 자신에게 있을 수 있는 문제들을 피하기 위한 전략이 필요하다. 명확한 의사소통을 위해 잘 말하는 방법은 다음과 같다.

• 언제 전달하는 것이 좋은지 생각해야 한다

듣는 사람이 바쁠 때나 주의를 기울이기 힘들 때는 피하는 것이 좋다. 특히 교사가 등원시간에 영유아를 맞이하고 있거나 학급 내에서 바쁠 때는 중요한 내용의 메시지를 전달하지 않아야 한다. 긴급한 문제가 아니라면 교사가 영유아들로부터 분리되어 몇 분의 시간이라도 가질 수 있을 때까지 기다려야 한다.

• 충분한 시간을 허용하여 반응을 얻어야 한다

전달한 내용이 잘 숙지되었는지 상대방이 질문하고 확인할 정도의 시간을 확보하여야 한다. 어떤 장소에서 전달할지도 생각한다. 문이 닫힌 원장실에서 진지하게 전달되는 것이 가장 효

과적이다. 바깥 놀이터나 복도 등에서는 전달내용이 가볍게 들린다.

• 어떤 방법으로 전달할지를 결정해야 한다

다른 사람을 통제하고 조정하려는 말보다는 문제의 해결에 도움이 되는 어법(~한 방법으로 해보면 어떨까, ~에게 도움을 요청해보면 어떨까?)을 사용한다. 이와 같은 어법은 인간관계를 돈독하게 해주는 지지적인 분위기를 만든다.

• 상대방을 존중하고 수용하는 마음을 표현하여 공감대를 형성한다

상대방의 행동에 대해 나-전달법을 사용하면서 자신의 느낌이나 감정을 기술할 때 훨씬 소통이 명확해지고 오해의 소지나 상대방의 저항감을 줄일 수 있다. 나-전달법과 상반되는 너-전달법은 대부분 명령, 강요, 비난, 분석, 빈정거림이 되기 쉽다. 자기 자신의 감정을 정확하게 자각하고 나-전달법을 사용할 때 상대방은 방어보다는 오히려 책임감을 느끼거나 감정이입이 되어 효과적인 의사소통을 할 수 있다. 어렵게 게시판을 장식해놓은 교사에게 "나는 ~한 이유로 이 색상보다는 ~색상이 좋다고 생각해"라고 말하는 나-전달법과 '꼭 이런 색상을 골라야겠어

요? 왜 그렇게 유치한 색만 좋아해요?' 라는 너-전달법은 교사의 기분과 사기에 상반되는 영향을 미친다.

위와 같이 말하는 방법과 듣는 방법을 모두 발달시켰을 때 교직원들과의 상호작용은 변화된다.

▶ 교육인적자원부(2001)가 발행한 유치원교사 프로그램에 포함된 의사소통 정도 평가 체크리스트이다. 자신의 정도를 평가해보자.

- 이야기할 때 부드러운 시선과 상냥한 표정을 한다.
- 대화내용을 기억한다.
- 듣는 사람은 말을 최소한으로 줄인다.
- 끄덕임, 음성, 질문은 잘 듣고 있다는 것을 확신시킨다.
- 몸짓, 눈맞춤, 음성 등은 언어적 표현과 일치한다.
- 대화의 내용은 비밀로 유지한다.
- 대화를 유도할 수 있는 다양한 질문을 한다.
- 대화 중 적절한 칭찬을 한다.
- 한 번에 너무 많지 않은 정보를 제공한다.
- 스스로 문제를 해결할 수 있는 기회를 제공한다.
- 상호 공감대를 가질 수 있는 대화를 한다.
- 참여자들이 대화내용을 이해한다.
- 참여자들이 대화내용에 흥미를 갖는다.
- 대화가 평등하게 이루어진다.

- 모든 사람들의 의견이 수용된다.
- 모든 사람들에게 발언권이 제공된다.
- 집단적인 의사소통뿐만이 아니라 개별적인 의사소통이 이루어진다.
- 주변은 조용하다.
- 조명, 채광, 환기, 좌석 등이 쾌적하다.

5) 전달과 보존

의사소통의 방법에서 문서상의 전달은 빨리 평가하기 어렵고 구두상의 전달은 명백하지 못할 가능성이 있다. 구두전달의 내용에 오해가 발생하면 원장이 원하는 효과를 기대하지 못하므로 말하는 동안의 몸짓, 감정을 일으킬 만한 단어 사용, 상대방과의 물리적인 거리 등을 점검해본다. 또한 개방적이고 명확한 분위기로 상대방이 이해하지 못한 것을 질문하거나 혼동을 막을 수 있는 방법을 이끌어야 한다. 교직원 전체에게 주지시켜야 할 내용의 문서는 회람을 확인하고 서명할 수 있는 별지를 함께 제공하여 전달한다. 교직원 개인 혹은 전체에게 이메일과 같은 전달 방법을 사용할 경우에는 구두전달보다 부드러운 표현을 사용한다. 이메일은 짧고 간명한 문장으로 작성하는 것이 좋으며 읽을 사람에 대한 입장을 배려하면서 작성한다.

지역사회기관과의 의사소통이나 증거가 필요한 경우에는 반드시 문서상의 전달과 보존이 필요하다. 원내에서 교직원과의 의사소통 중 특히 재정상의 의사소통은 보고서와 같은 공문으로 이루어져야 한다. 서류상의 보고나 기안은 필요한 정보가 충분히 있어야 하고 장황하거나 비논리적인 내용이 되어서는 안 된다. 영유아교육기관은 소규모인 경우가 많아 문서상의 관리가 소홀한 것을 볼 수 있다. 경영관리 업무는 적합한 문서를 통해 원활하게 추진되며 문서는 지면에 의한 문자 기록, 마이크로 필름, 디스켓 등 여러 가지 형태로 보관될 수 있다.

공문서인 경우 원장의 결재 이전에 점검되어야 할 기안문과 결재를 받고 추진되는 내용을 담고 있는 시행문으로 구분된다. 기안문은 시설 자체에서 원장의 결재를 받은 후 보관하는 문서이며 시행문은 기안문에 근거하여 해당기관으로 발송하는 문서이다. 문서의 정리는 기관의 기준에 따라 분류 편철하여 보관하고 불필요한 문서는 적시에 폐기한다. 각 지방자치단체에 따라 문서의 보관연한을 지정해 주기도 하지만 일반적으로 5년 정도의 기간 동안 보관한다.

6) 지역사회와의 관계

원장이 지역사회활동에 참여하는 것은 자신이 운영하는 기관을 알리기 좋은 방법이 된다. 우리나라의 경우 선거의 장소나 회의장소로 기관을 제공하면서 지역사회에 우호적으로 알리는 방법도 사용되고 있다. 영유아를 양육하는 일과 관련된 강좌 개설, 노인이나 청소년을 위한 행사, 바자회, 중고 책 교환 행사, 영화 상영 같은 프로그램으로 지역사회 주민이나 학부모들에게 시설을 공개하는 방법도 있다. 원장뿐만이 아니라 교사가 지역사회의 여러 가지 조직에서 활동하는 일도 시설을 홍보하는 데 도움이 된다. 원장과 교직원이 전문가 모임, 회의, 연수에 적극적으로 참여하고 관련 잡지나 신문에 기고하는 일, 지역 민방 프로그램에 기관을 공개하는 것도 홍보에 도움이 된다. 지역사회기관과의 관계가 원활할 때 프로그램의 진행에 필요한 제반사항을 협조 받을 수 있으며 그러한 협조는 프로그램의 질을 높임과 동시에 기관을 홍보하는 자연스러운 계기가 될 수 있다.

지역사회 관련기관과 여러 가지 협력관계를 통하여 영유아와 가족이 자신의 지역사회를 이해하고 지역사회에서 필요한 지지를 받을 수 있도록 노력하여야 한다. 가령 지역사회의 학교에서 오는 자원봉사자, 노인복지관 등에서 오시는 어르신 봉사자, 인근 복지관과의 활동 등과 같이 여러 가지 형태로 기관과의 연계 활동이 이루어질 수 있다.

7) 방문자와의 관계

영유아교육기관에는 원아들과 교직원들이 상주하고 부모들의 출입이 대부분이지만 외부인의 방문과 지도에 대한 의무도 가지고 있는 곳이다. 실습생, 자원봉사자, 입학상담이나 견학을 위한 방문자들과의 관계에 대해 살펴본다.

(1) 실습생

실습생의 지도는 가능하면 경력교사가 담당하여 할 수 있도록 역할을 준다. 대학에서 자체 실습일지와 출석부를 제작하여 배치하기 때문에 4주 동안 실습일지에 기록해야 하는 내용을 중심으로 지도한다. 각 기관에서는 현장 실습과정이 인력 동원의 차원이 아닌 영유아교육전문가의 양성과정에 일조를 하는 과정이다는 마인드에서 보다 교육적인 차원의 지도를 해야 한다. 실습을 마친 학생들의 평가회에서는 수업에 대해 토의하는 경우와 더불어 주로 인간적인 측면에서 무시당했던 사례, 청소나 개인적인 심부름 등에 동원되었던 사례의 느낌 등을 토로하는 경우가 있다. 현장 실습을 마친 후에 영유아교육 현장에 취업하지 않겠다는 마음이 들지 않도록 배려하면서 지도하는 것이 영유아교육 현장의 전문성을 확보하는 데 필요한 일이라고 본다. 기관의 영유아나 부모에게도 실습생의 소속과 기간, 역할 등에 대해 알려준다.

교실에 배치하기 전에 실습일지의 내용에 대해 지도절차를 알려주고 실습생을 위한 오리엔테이션을 실시한다. 실습생을 지도하는 절차는 소속학교의 기대가 반영되어야 하며 각 기관은 기본적인 안내서를 구비하고 있는 것이 좋다. 실습생을 위한 별도의 자료제작이 부담스럽다면 부모오리엔테이션 자료를 여유있게 만들어놓고 활용한다. 안내되는 내용은 다음과 같다.

- 기관의 운영방침
- 기관조직 : 교직원의 서열, 문제의 보고와 해결을 위한 과정 포함
- 편성에 대한 세부사항 : 해당 학급 연령, 시간, 수업 실습 절차
- 평가기준 : 누가, 언제, 어떤 근거로 평가하는지의 내용
- 기관의 현황 : 교직원, 시설, 학급
- 일과시간과 근무시간
- 실습생 준수사항 : 출 · 퇴근 시간, 용모, 인사법, 기관의 비품 사용법과 규칙
- 담당교사에게 갖추어야 할 예의, 실습생 상호간의 예의
- 영유아에게 보이는 허용적인 태도의 범위
- 각 학급에서의 역할 및 지도받는 자세

- 각 주별 지도과정
- 실습생을 위한 협의회 시간(예 2주 정도 후에 평가하고 마지막 주에 평가)
- 부분 수업 및 전일 수업의 준비 요령과 기관의 물품사용 범위
- 명찰 패용

(2) 자원봉사자

자원봉사자는 아동발달에 대한 기본적인 지식이 부족하고 다양한 동기를 가지므로 각각 다른 지도가 필요하다. 자원자들의 특성을 조사하고 적합한 일을 제공한다. 다음의 내용으로 특성을 파악한다.

- 이름, 주소, 연락 전화번호
- 교육수준
- 취미 및 특기
- 면허 소지 여부와 종류
- 특별한 기술
- 업무경험
- 건강기록

• 원하는 자원 작업 분야

자원봉사자에게도 실습생과 동일하게 기관의 기본적인 정보와 유의사항을 알려준다. 교직원과 영유아들에게 소개하고 명찰을 패용하게 한다. 기본적인 정보와 유의사항은 간략한 안내서를 제작하여 소개하는 것이 좋으며 반드시 포함되어야 할 내용은 다음과 같다.

- 기관의 규칙
- 출 · 퇴근 시간
- 평가표
- 문제상황 발생 시 대처방안
- 함께 할 업무의 일정
- 영유아에게 하지 말아야 하는 언행의 예시(예 귀엽다고 만지기, 뛴다고 혼내기 등)

우리나라의 각급 학교에서 자원봉사 프로그램을 운영하고 있기 때문에 다양한 연령의 자원봉사자가 영유아교육기관을 찾아 봉사를 하고 각 학교별 증명서에 확인도장을 받아간다. 초등학생들에게는 실외 놀이터의 풀 뽑기, 볼풀 닦기 같은 단순한 작업을 줄 수 있으며, 중 · 고등학교 학생들에게는 영아들의 식사 돕기 같은 활동, 영유아교육을 전공한 대학생에게는 교구 · 교재 제작 돕기 같은 작업을 요청할 수 있다. 대부분의 학교들은 자체의 양식을 보내므로 확인란에 날인해주고 관리대장을 작성하여 기록을 남겨둔다.

(3) 견학자

견학을 원하는 사람이 많을 경우 영유아의 하루일과 진행에 영향을 받지 않는 일정 시간을 정하여 '영유아들의 활동에 개입하지 않기' 등의 규칙을 지켜 줄 것을 요청한 후 공개한다. 견학자를 위한 기관 소개 자료를 간략하게 제작해 놓고 개요적인 소개 → 안내자와 함께 시설 돌아보기 → 질문 받기 등의 순서로 견학자의 일정을 계획해본다. 외부인이므로 '견학자'의 명찰을 패용하게 하고 방명록에 성명 · 방문일시 · 소속 · 방문목적 등을 기재하게 한다.

입학상담을 위해 방문하는 견학자에게도 기본적인 정보를 전달할 수 있도록 자료를 비치하고 교직원을 훈련시켜둔다.

4. 권위 갖기

1) 장애요인의 처리

원장이 존경받으며 권위를 갖고자 할 때 만나는 장애요인에는 다음과 같은 것들이 있다. 이러한 문제들은 재빨리 처리되어야 한다.

• 불명확한 업무분담

저자의 상담활동 중에 '원장이 믿고 맡긴 일에 대해 밤새워 자료를 찾고 신나게 해나가고 있는데 또 다른 교사가 같은 업무를 기획하고 있음을 알았을 때 참 황당했다' 는 교사상담 내용이 있었다. 업무분장은 공평하고 합리적인 가운데 책임자가 명확히 배정되어야 한다.

• 철저하지 못한 리더십

기발한 아이디어를 토대로 시도 때도 없이 다양하고 광범위한 업무지시를 해놓고 다시 챙겨보지 않는 리더에게 해당하는 사항이다. 구성원들은 리더와 마주치는 현장을 피하고 세월을 보내면 지나간다는 생각을 하면서 일을 하는 척만 하는 게으른 사람으로 변해간다.

• 설명부재

교직원 회의가 끝나고 나와 교사들끼리 '원장님이 원하시는 게 뭐야? 알아들었어?' 라는 대화를 하고 있다면 원장의 전달능력 내지는 의사소통 기법들을 진단하고 치료해야 한다.

• 편애

일 잘하고 리더에게 충성하는 자에게 믿음이 가는 것은 인지상정이지만 다른 구성원들이 편애대상을 알 수 있을 정도의 표현은 다른 사람의 사기를 떨어뜨릴 뿐만이 아니라 당사자의 처신마저 어렵게 만든다. 항상 공정하고 합리적인 인사관리를 하고 있다는 인상을 줘야 한다. 칭찬이나 질책은 집단 속에서 보다 개인적인 접촉을 통해 전달하는 것이 좋다.

• 업무 외의 일 요구

저자가 서울특별시보육정보센터 재직 시에 방문하는 교사들에게 익명으로 이직사유를 조사해 본 바에 의하면 '원장의 사적인 일을 돕거나 봐줘야 하는 일이 싫어서' 라는 답변이 있었다. 부하직원인 교직원과의 관계에서 공사를 구별해야 함은 당연한 일이다. 부득이한 경우 요구하지 말고 부탁하는 입장에서 대화하는 것이 좋겠다.

• 경계가 없는 공과 사

원장의 사적인 부분 때문에 이직하고 싶어 하는 교사가 있다는 사실이 의외였지만 현장에 나가보니 이해가 되었다. 대형버스가 회전하여 이동할 만큼 넓은 터에서 유아교육기관을 운영하는 곳이 있었다. 여러 가지 특별한 프로그램이 관심의 대상이 되었고 모 기관에서 표창을 하고 싶어 하는 과정에 마지막 심사를 의뢰받아 방문하는 절차에서 가본 곳이다. 언뜻 보기에는 유아교육을 전공하는 일부 학생들이 꿈꾸는 미래의 모습처럼 보였다.

원장은 사립유치원과 어린이집을 동시에 운영하며 두 곳의 재원아들에게 본인이 다른 형태로 운영 중인 영어교실, 예절교실 등 다양한 특별활동을 '서비스' 하고 있었다. 유치원 교육과정과 어린이집 표준보육과정의 틀에 여러 특별활동을 구성하고 체계적인 자료를 만들어놓은 부분은 훌륭했다. 평생 유아교육에 몸바쳐 온 자신의 삶과 남편의 지원에 대해 자부심이 컸다. 지역사회에 영향력이 있는 자신의 업적, 여러 외국에서 사들여온 호화로운 비품으로 꾸며진 환경에 대해 브리핑해줄 때는 부러움마저 일었다.

여기까지만 봤으면 좋았을 텐데, 점심시간이 되자 심사위원들을 원장실에 남겨둔 채 자리를 뜨겠다고 양해를 구했다. 설립자인 남편의 점심식사를 본인이 챙겨야 한다는 것이다. 원장실의 벽면에는 재정지원을 아끼지 않는 시부모를 비롯한 가족들의 사진이 액자형태로 빼곡하게 걸려 있었다. 원장실에서 또 다른 공간으로 옮겨가는 계단의 벽면에는 흑백사진이 갤러리처럼 걸려있었는데 설립자, 즉 남편의 어린 시절부터 지금의 모습이 시간의 순서에 따라 배치되어 있었다. 21세기의 태양! 으로 추앙받던 김일성이 생각났다. 집안의 행사에는 분명 교직원들을 동원할 것이라는 추측이 틀리지 않을 것이다. 내가 교사여도 이런 문화는 싫다고 말할 것이다.

2) 성공요인

교직원들은 존경할 수 있는 훌륭한 원장의 리더십을 따른다. 리더십이 강한 사람일수록 더 빨리 다른 사람들이 자신의 리더십을 인식하게 한다. 리더의 권위는 종사자들에게 영향력을 미쳐야 가능해지고 리더가 종사자들에게 영향력이 없다면 그들은 리더를 따르지 않는다. 리더가 되는 것은 주식시장에서의 성공적인 투자와 같이 하루에 행운을 잡는 것이 아니며 리더십의 성장에는 시간이 필요하다. 어떤 사람은 다른 사람보다 더 훌륭한 여러 능력을 지니고 태어나지만 리더십에 있어서는 그렇지 못하다. 이끄는 능력은 많은 기술들의 집합이며 이러한 기술은 품위,

경험, 감성, 사람 다루는 법, 자제력, 비전, 추진력, 타이밍 등 많은 요소가 포함되는 것이다.

효과적인 리더가 되기 위해서는 이와 같이 다양한 기술이 필요하고 이러한 기술들은 노력 여하에 따라 거의 습득되고 향상될 수 있는 것들이다. 과거의 성공요인이 근면, 성실, 정직, 겸소, 따뜻한 인품 같은 것이었다면 현대의 성공요인은 과거의 요인과 함께 보스기질이 느껴지는 리더십, 적극적인 사고, 대인관계 기술, 자신의 이미지메이킹(용모관리, 직원의 성향을 파악하고 맞춰주기 등)과 같은 것들이 더해져야 할 것으로 보인다.

3) 능력에 따른 배려

교직원들은 자신과 자신의 감정에 대해 생각해주고 배려하는 원장을 존경하고 따른다. 『성공하는 사람들의 7가지 습관』으로 유명한 스티븐 코비 박사는 "겸손하고 조용하게 일하는 유능한 일꾼들을 독려하는, 강요하지 않는 시스템에 성공의 열쇠가 달려 있다"고 하면서 겸손과 양심을 성공의 필수요소로 들었다.

전 세계에 자신의 책을 몇 천만 부 팔고도 2011년 파산한 스티븐 코비는 '어째서 세계적인 자기계발의 대가가 파산했는가?'라고 물었을 때 '내가 쓴 대로 살지 않아서 그렇다'라고 답변했다고 한다. 일곱 가지 습관으로 유명한 그의 책은 여러 연령대를 위한 책으로 재구성되어 전 세계인이 읽었고 방한할 당시 많은 화제가 되었다. 그가 말하는 7가지 습관이란 '자신의 삶을 주도하라, 끝을 생각하며 시작하라, 소중한 것을 먼저 하자, 勝勝을 생각하라, 먼저 이해하고 다음에 이해시켜라, 시너지를 내라, 끊임없이 쇄신하라'가 포함되어 있다.

효과적인 리더는 업무에 적합한 사람을 찾아 이끌어주는데, 그 사람과 친밀해지려는 노력을 할 때 충성심이 발휘되며 영향력을 발휘하게 된다. 영유아교육기관에서도 평소 옷 입는 센스가 세련된 교사에게 게시판이나 환경구성을 맡기고 문서조직 능력이 뛰어난 교사에게 계획안이나 문서수발을 맡기는 방법으로 적합한 업무를 나눠줄 수 있다. 훌륭한 사람을 찾아 그들이 발전하도록 독려하며, 가능한 자신이 하고 싶은 일을 맡기는 것이 좋다.

권한을 위임받은 사람들만이 자신들의 능력을 최대로 발휘할 수 있다. 리더가 다른 사람을 믿지 못하여 권한을 위임하지 못하거나 그렇게 하지 않으려 할 때 극복하지 못할 장애물을 그 조직 속에 만들어놓는 것이다. 만약 그 장애물이 오랫동안 방치되어 있으면 조직 내에 속한 사람들은 그 일을 포기하거나 자신들의 잠재력을 극대화할 수 있는 다른 조직으로 옮겨간다. 교직원들을 신뢰할 수 있는 존재로 만들어놓아야 하며 그렇지 못할 경우 다른 기관에서 일할 수 있도록 구조조정하는 것이 필요하다. 리더로서 성공을 거두기 원한다면 능력 있는 여러 사람에게 권한을 위임할 수 있는 사람이 되어야 한다. 루즈벨트Theodore Roosevelt는 "가장 유능한 리더는 하고자 하는 바를 수행할 수 있는 뛰어난 자질의 사람들을 발굴하는 감각을 지닌 사람이다. 또 그들이 맡은 일을 수행하고 있을 때 간섭하지 않는 충분한 자기 절제력을 지닌 사람이다"라고 하였다. 바람직한 멤버들이 능력을 발휘해 줄 때 리더의 잠재력도 함께 발휘될 수 있다. 기관의 주요 업무를 이끌어가는 핵심인물들이 빈약하면 리더의 영향력도 지극히 감소한다.

4) 별도의 공간 확보

여건이 된다면 별도의 원장실을 마련하여 업무를 처리한다. 원장실은 운영관리를 위한 원장 자신의 연수, 교사회의, 사무관리, 부모상담, 손님접대 등이 이루어지는 공간인 동시에 영유아들의 활동환경 전반을 파악해야 하므로 출입구와 가까운 곳에 위치하면서 실내외 활동을 쉽게 볼 수 있어야 한다. 아울러 프라이버시가 존중될 수 있고 기관책임자로서의 권위를 지켜주는 공간이 되어야 한다.

몇 해 전 모 지방자치단체 홈페이지에 시정을 요구하며 올라

온 민원사항에는 어린이집 원장이 어린이집에서 손톱을 깎는다, 입술화장이 너무 진해서 비교육적으로 느껴진다 등의 '말도 안 되는 억지' 내용이 포함되어 있었다. 손톱을 깎고 입술화장을 하는 것은 직장여성 대부분이 하는 행위이지만 기관장이기 때문에 그만큼 기대수준이 높다는 수준으로 해석하면 좋겠다.

지역의 영유아들을 교육하고 보육하는 기관의 장은 자신의 삶을 희생하며 공인으로 살아줄 것을 요구받고 있다. 서울특별시 우수보육시설 평가단으로 내 거주지와 멀리 떨어져 있는 현장을 다니던 때의 일화이다. 평소 너무나 우아하고 품위 있게 느껴지던 원장 1명이 내 소매를 잡아끌고 데려간 곳은 길거리에서 붕어빵을 파는 곳이었다. '우리 동네에서는 내가 원장인 줄 다 알아서 이렇게 소박한 간식도 못 사먹어요. 길에 서서 먹는 것을 해보고 싶었어요' 라고 말했다. 마주보고 낄낄대며 붕어빵을 사 먹고 내친김에 근처 재래시장까지 들러서 자잘한 것들을 구경하고 헤어졌다.

저자가 삼성어린이집의 원장직을 수행하기 시작한 후 한 달이 안 된 시점에 원내에서 어깨에 숄을 두르고 다니는 모습이 거슬린다는 민원을 제기한 K엄마는 유명 방송국의 피디였다. 그 후로도 안경 속의 눈빛이 차갑다, 어린이를 위한 기관의 원장에게 있어야 할 소박함이나 후덕함이 없다 등의 불평을 해왔다. 그 이

후에 만난 L형제 할머니는 강의와 외부활동으로 바쁜 박사원장이 싫다고 말했다. 친할머니처럼 아이들을 새벽부터 밤까지 봐줄 사람을 원했다. 결혼하지 않은 사람이나 아이들을 다 키우고 홀가분한, 더 욕심을 내자면 영감님도 없어서 기관에 올인할 수 있는 원장을 원했다. 그들의 희망사항 가운데에는 어떤 조건에서도 자신의 아이들만을 잘 봐주는 원장의 이미지가 담겨 있었다.

혈기왕성했던 젊은 원장은 그들의 민원을 공감하거나 이해하지 못했다. 피디 엄마가 제작하는 시사 프로그램을 비판하는 문장으로 맞대응을 했고, 여성잡지의 인터뷰나 텔레비전 프로그램의 출연 등에 더 적극적으로 응했으며, 할머니보다는 엄마나 아빠가 귀가시간에 데리러오는 것이 좋겠다는 가정통신문을 보냈다.

내 프라이버시가 보장되는 공간에서 내 마음대로 살되, 그들의 눈에 띄는 공간에서는 원하는 대로 좀 소박하고 후덕하게 미소지어주며 의견을 수용하는 제스처를 보였다면 그들도 내 편이 되었을 터였다. 서울시로 자리를 옮겨가는 그날까지 피디 엄마는 불평을 늘어놓아 전달되도록 했고 할머니는 자신의 건의가 안 통하는 원장 대신 이제 갓 교사생활을 시작한 담임교사를 물고 늘어졌다.

그때 나를 원장선생님이라고 부르던 아이들은 지금쯤 20세

전후가 되었을 것이다. 지금도 그때의 피디 엄마가 만드는 프로그램이 끝나고 올라가는 자막에서 연출 ○○○를 보면 아이들이 떠오른다. 피디 엄마 역시 나이가 들었으니 이제는 자신의 불평불만 표출방식을 후회하고 있을 것이라 믿는다. 훗날 나는 CTS라는 방송국의 임원으로 방송 일을 하면서 그 엄마와 절친한 기자 한 사람을 만났다. 아이들은 잘 자랐고 공부도 아주 잘 하고 있다는 소식을 줬지만 내가 그 아이들이 어릴 때 다니던 기관의 원장이었다고 말하지 못했다. 그 엄마와 잘 지냈다면 그들의 소식에 대해 훨씬 더 반갑게 호들갑을 떨 수 있었을 것이다.

나이가 들고 세상을 객관적으로 보게 되면서 '모든 인간은 자기중심' 적 사고를 하고 산다는 진리를 더 자주 깨닫게 된다. 여전히 나와 코드가 맞지 않는 사람을 만나고 최대한 노력을 해보다가 '맞지 않는 코드는 아예 빼는 것도 나쁘지 않다' 는 생각이 들 때도 있다. 하지만 원장으로서 만나야 하는 사람들은 기관을 대표하는 공인의 입장으로 접촉해야 하기 때문에 좀더 성숙하게 대하는 마음가짐도 요구받는다. 교사들과의 갈등도 원장과 대화하면 바로 풀리는 그런 존재가 되어줘야 한다. 우리가 해야 할 역할, 가져야 할 표정은 참으로 다양하다. 영유아교육기관에서 일하는 사람은 배우로서의 기질도 있어야겠다는 생각을 해본다. 최근 대두되고 있는 감정노동이나 정서노동에 관한 책을 읽으면서 공감되는 점이 많았다. 기관장으로서 보여지는 모습을 관리하기 위해 원장실은 별도의 공간이 필요하다. 여건이 어렵다면 파티션을 이용하여 프라이버시를 존중받는 공간을 확보해야 한다.

5. 이미지 메이킹

원장은 자신의 직업에 걸맞는 실력과 성품을 갖추어야 하고 원장이라는 직함으로 살아가는 모습을 관리해야 한다. 기관의 안과 밖에서 호감을 주는 모습으로 좋은 인간관계를 맺으면서 지낼 때 모두에게 즐거운 일터를 제공하게 되고 많은 조력자를 만들게 된다. 인간관계를 잘 맺기 위해 교직원과의 관계에 필요한 이미지를 그려보고 좋은 모습으로 보여질 수 있도록 노력해야 한다. 외적으로 보여지는 모습보다 내면의 실력과 성품이 중요하다고 말하는 사람도 많지만 훌륭한 내면이 담길 외면의 모습도 잘 다음어져 있다면 금상첨화錦上添花라고 본다. 좋은 모습을 만들기 위해 인사법, 옷차림을 비롯한 용모관리에 대해 신경을 써야 한다.

1) 인사예절

우리 원에서 만나는 모든 사람이 나와 인사를 나눌 때 편안해야 하며 그들의 분위기에서 존경한다는 느낌을 받아야 한다. 이러한 느낌은 상대적인 것으로 원장의 태도로부터 시작되어 되돌아온다.

인사는 인간관계가 시작되는 첫 신호이며 사람들 사이에 내 자신의 소양을 알리는 일이기 때문에 바르고 성실하게 해야 한다. 밝은 인사말로 상황에 맞게 표현해야 하며 상대의 눈을 보고 미소를 지으며 해야 한다. 교사들이 출 · 퇴근하고 원아와 부모가 등 · 하원 하는 시간에 밝고 명랑하게 인사하는 것을 습관화하여 생활하는 모든 이들이 자신들을 소중하게 느끼도록 해주는 것에서 시작되어야 한다.

얼굴을 마주보며 하는 인사뿐만이 아니라 유선상의 인사나 대화에서도 예의를 갖추어야 한다. 유아교육기관은 수시로 재원아 부모들의 상담이나 입학상담이 이루어지고 있으며 견학자, 방문자, 자원봉사자, 관리감독청의 공무원 등 많은 사람들과 교류를 하는 곳이고 이러한 교류과정에 전화통화가 많다. 보이지 않는 상태에서 들려오는 목소리는 오해를 사기도 하고 무례하다는 느낌을 주기도 한다.

오래 전 저자가 아이의 입학 건으로 유명 유치원을 소개 받고 방문하기 위해 전화를 걸었던 적이 있다. 누군가 자신을 밝히지 않고 전화를 받았고 퉁명스럽게 기다리라고 말했다. 저벅저벅 걸어가서 원장에게 말하는 소리가 들렸다. '○○대학교 ○○○ 교수 소개라는데요, 입학상담 하고 싶다고 하는데요……' 라는 말이 떨어지자마자 '없다 그래' 라는 답변이 들렸다. 다시 저벅저벅 걸어오는 발소리가 들렸고 원장님이 안 계시니 다음에 다시 걸라고 말했다. 소개한 교수와 불편한 사이일까, 원아가 넘쳐나서 귀찮았을까, 몇 살쯤 될까, 그냥 지금은 빈 자리가 없다고 말해주면 좋았을까, 내가 누구인지 알고 아예 상대도 하기 싫었을까, 왜 상대하기 싫을까…… 여러 가지 생각을 했다. 그 유치원은 여전히 잘 운영되고 있고 홈페이지가 몹시 화려하지만, 많은 세월이 흘렀음에도 유치원의 이름을 들으면 '없다 그래' 라고 말하던 원장의 목소리가 들릴 뿐, 이미지는 호의적으로 바뀌지 않는다.

방문하지 않은 상태에서 전화로 업무를 처리할 때 전화 속의 응대방법은 기관 전체의 분위기를 대변한다. 예전에 함께 일하던 교사 K는 부모들의 요구사항에 절대 화를 내지 않고 응대를 했다. 나중에 알고 보니 대학 재학 중에 모 기업 콜센터에서 아르바이트를 한 경험이 있었다. 평소에도 그 교사의 말투는 114의 '사랑합니다, 고객님!' 을 연상하게 했다. 약간 높은 톤의 목소리와 미소를 가지고 ‘네, ○○어머니, 그래서 속상하셨군요. 진작 말씀하시지 그러셨어요. 원장님과 상의드리고 곧 연락드릴게요’ 등의 말은 기본이고 거칠게 나오는 상대에게도 화를 내지 않고 반드시 설득한 후 전화를 끊었다. 원장이었던 저자가 질책을 해도 웃으면서 잘못을 시인하고 바로 시정하겠다고 말했다. 지금은 민간 어린이집을 인수받아 운영하고 있다. 교사 시절 함께 하던 영유아들이 모두 그곳으로 옮겨갔다는 후문을 들었다. 인접한 지역에서 어린이집을 인수하고 근무하던 기관의 원아를 빼갔다는 일부의 비난이 있었지만 그 교사라면 충분히 따라가고 싶은 부모가 있었으리라 짐작했다. 이 교사의 사례를 통해 능력은 훈련된다는 말을 하고 싶다.

교사들의 전화예절도 점검해보아야 한다. 여러 기관에서 볼 수 있는 현상 중 재미있는 것은, 오래 근무한 교사들이 원장의 전화 목소리를 그대로 이어 받아 비슷한 톤과 억양으로 받고 있다는 사실이다.

전화를 받게 되면 ‘○○어린이집 ○○반 교사 ○○○입니다’ 등의 말로 자신의 이름을 밝히고 상대방을 확인하며 적절한 인사를 한다. 가라앉은 목소리보다는 경쾌한 톤으로 대화하는 것이 좋다. 수화기는 왼손으로 들고 오른손은 메모를 할 수 있도록 하고 전화기 근처에는 항상 필기도구를 준비해놓는다. 기관에 따라서는 전화통화기록부 같은 문서가 있고 통화자가 기록을 남겨놓아야 한다.

▶ 원아 및 학부모 관리 측면에서 좋은 이미지 형성을 위해 점검해 보자.

- 영유아와 학부모가 기관에 도착했을 때 원장의 표정에서 환영받는 느낌을 받도록 인사했는지
- 등원 시간의 영유아가 부모와 잘 헤어지지 못하는 장면을 봤을 때 교실에 들어갈 수 있도록 도왔는지
- 입학 및 입소 중인 원아의 이름과 신상을 파악하고 대기자 명단에 관심이 있는지
- 학부모와의 상담 시간이 연중 행사에 계획되고 홍보되어 있는지
- 신입원아의 학부모와 기관 이해를 위해 충분한 대화시간을 가졌는지
- 학부모의 요구를 수용하기 위해 건의함 설치 등의 노력을 하는지
- 모든 교직원은 예의바른 태도로 전화를 받고 있는지

2) 용모관리

원장의 옷차림은 품위가 있어야 한다. 직업인으로서뿐만이 아니라 교직원들에게 현재 직장에서의 드레스 코드를 알게 하는

역할도 하고 있기 때문이다. 신입교사 교육을 할 때 많은 강사들은 원장이나 선배교사의 옷차림에서 힌트를 얻고 의복을 구입하라고 조언한다. 직장인으로서의 용모관리 측면뿐만 아니라 영유아들 역시 단정하고 아름다운 사람을 좋아하기 때문에 호감을 가질 수 있는 용모로 근무해야 한다.

저자와 동갑내기인 L원장은 다른 기관과 차별화된 패션센스가 필요하다고 강조한다. 특히 신입원아 모집시기나 재원아 부모와 상담을 해야 할 때와 모든 행사일의 옷차림은 방문자를 제압할 만큼 품위 있고 우아해야 한다고 말한다. 신혼여행 갈 때의 복장처럼 갖춰 입고 헤어스타일도 첨단유행을 따르라고 한다. 구두 역시 최고급으로 신어야 하며 결재나 상담시 들고 있는 펜까지도 화려하고 고급스러운 것으로 선택하라고 말한다. 저자는 오래도록 그 의견에 반대하고 있다. 영유아교육기관의 설립취지를 생각하면 원장은 그 취지를 대변하는 이미지를 가져야 한다고 주장한다. 영유아의 심신을 건강하게 발달시키고, 영유아와 가족의 복지증진에 이바지해야 하는 기관의 특성상 수요자를 주눅 들게 할 만큼의 화려한 복장은 최선이 아니라고 말해왔다. L과 많은 부문에서 생각이 같지만 이미지 관리에서는 이렇게 다른 견해를 가지고 있다. 그 원장은 자신의 주장대로 살아가고 있고 전국에 여러 개의 기관을 확장해가며 그야말로 '성공한 영유아 사업가' 가 되어 있다. 이 책에는 저자의 생각을 쓸 것이며 어떤 쪽의 의견이 선택될 지는 독자의 몫이다.

화장은 피부색과 의복에 어울리도록 단정하고 깔끔하게 한 것이 좋다. 헤어스타일은 이미지를 결정할 때 많은 비중을 차지하는 만큼 단정하게 해야 하며 영유아들과의 활발한 상호작용이 가능하도록 표정 전체가 보이는 스타일이어야 한다. 영유아들도 원장의 이미지를 정확하게 인지하고 표현한다. 저자가 처음 현장에 투입되어 원장업무를 시작할 때가 1월이었다. 만 5세반 유아들이 졸업을 앞두고 그동안의 추억을 모아 포트폴리오를 만들던 활동에 열심이었다. 각자의 파일을 보고 너무 놀랐다. 대부분의 파일에서 '우리 원장선생님' 이라는 삐뚤빼뚤한 글씨와 함께 존재하고 있는 한 여자의 그림은 누가 봐도 내 모습이었다. 웨이브가 있는 머리카락에 체크무늬 재킷, 무엇보다 일치하는 것은 진한 색상의 입술이었다. 그 무렵 와인컬러의 립스틱을 즐겨 바르고 있었다. 많은 유아들이 그린 그림의 공통점 중 또 하나는 한쪽 귀 옆에 전화기가 있었다. 그 그림을 계기로 나는 립스틱을 톤다운시켜서 얌전한 메이크업을 시도하기 시작했다. 원장실과 붙어있는 창고를 깨끗하게 청소하고 책상을 들여놓았다. 립스틱을 바르거나 긴 통화를 해야 할 때 그곳으로 들어가 사적인 공간으로 활용하였다.

액세서리나 소품의 사용에도 신중해야 한다. 영유아를 안았을 때 브로치나 목걸이의 뾰족한 부분, 돌출된 디자인의 반지도 여린 피부에 상처를 입힐 수 있다. 영유아들과 함께 하는 일과가 있다면 위험요소가 되지 않도록 착용을 금하는 것이 좋다.

저자가 존경하는 N원장은 30년 동안 단 한 차례 흐트러진 용모를 보여준 적이 없다. 교사시절에도 그 분의 교실은 모든 곳이 반듯했고 현재 원장으로 일하는 유치원 역시 어느 계절에 가 보아도 청결하고 쾌적하다. 바깥놀이터의 놀이기구들까지도 색상과 배치의 조화가 세련됨을 느끼게 한다. 교사들 역시 학생 때나 신입교사일 때 수더분하다 못해 흐트러져 보이던 모습이 점차 원장을 닮아 단정하면서 전문가다운 분위기를 풍긴다. 신장, 몸매, 얼굴형, 선호하는 옷의 스타일, 화장하는 취향 등이 원내에서는 모두 다르지만 밖에서 집단으로 만나면 유사한 분위기를 보여주는 경우가 많다. 원장은 교사의 수업과 학급관리에 영향을 미칠 뿐만이 아니라 용모와 말하는 톤을 비롯하여 세상을 살아가는 방식에까지 영향을 미친다. 때로는 원장의 분위기가 원 전체의 데커레이션이 주는 이미지와 비슷하게 느껴지기도 한다.

원장이 교사를 선발할 때 많은 조건을 원하는 것처럼 교사들도 취업을 할 때 배울 점이 많은 곳을 선택한다. 우리는 교직원에게 삶의 방식에까지 영향을 미치는 중요한 존재이다.

▶ 황혜미(2010)가 제시하고 있는 전문직 여성을 위한 용모 체크포인트를 유아교육현장에 맞게 보완하여 보았다. 내 용모와 비교하여 점검해보자.

헤어

- 청결하며 손질이 잘 되어 있는가?
- 근무에 적합한 스타일인가? 흘러내리지 않는가?
- 염색이나 컬러링이 지나치게 눈에 띄지 않는가?
- 액세서리의 소재와 디자인이 근무환경과 어울리는가?

화장

- 피부손질의 마무리가 잘 되어 있는가?
- 부분 화장이 흐트러지지 않았는가?
- 립스틱 색상은 적절한가?
- 손톱의 길이는 적당한가?

복장

- 청결하며 다림질은 되어 있는가?
- 몸에 꽉 끼지 않는가?
- 흘러내릴 만큼 느슨하지는 않는가?
- 스커트나 바지 길이가 적당한가?
- 속옷이 비치지 않는가?

- 스타킹의 색상은 적당하며 늘어나지는 않았는가?
- 예비스타킹을 가지고 있는가?

구두와 가방

- 잘 닦여져 있는가?
- 모양에 변형이 오지는 않았는가?
- 소재와 색상은 적합한가?
- 너무 화려하지는 않는가?

6. 업무습관과 체크포인트

유아교육기관은 회사나 학교 같은 유형의 직장과 다른 점이 많다. 시대적인 요구에 맞춰 유아교육기관의 일과시간이 길어지고 종일제 형태가 많아짐에 따라 영유아들과 함께 해야 하는 시간이 점점 늘어나고 있다. 다른 직장에서는 당연한 권리인 점심시간의 휴식도 미성숙한 영유아들을 보살펴야 하는 상황이므로 불가능하다. 식사와 양치 지도, 낮잠 재우기 등으로 이어지는 과정까지 책임이 따른다. 많은 부분을 챙기고 지도해야 하는 원장의 하루는 늘 일이 밀리고 그 결과 부족한 시간과 과다한 업무 적체로 스트레스에 시달리게 된다. 시간관리를 잘 해야 견뎌낼 수 있는 직종이다.

직장이 우리에게 요구하는 업무량은 결코 줄어들지 않는다. 많은 직장들이 적은 인원으로 최대의 효과를 보려고 한다. 영유아의 정원과 교직원의 비율은 국가가 정해준 기준에 따라 배치되기 때문에 여유인력을 기대하기 힘든 것이 유아교육기관의 현실이다. 우리의 직장은 알면 알수록 할 일이 더 많은 직장임에 모두 동감할 것이다. 다양한 업무를 처리하기 위해 '멀티 플레이어'가 되어야 한다. 그럼에도 불구하고 동일한 일만 해내는 것이 아니기 때문에 단순한 업무로 인한 지루함이 없고 수치로 나타나는 실적을 남기기 위해 치열하게 경쟁하지 않는다는 측면이 위로가 된다.

사랑과 노력을 쏟아부어주는 만큼 나날이 발전하는 영유아들의 모습에 보람과 사명감을 느끼면서 행복해지는 직업이다. 행복하고 유능한 원장이 되기 위한 노력은 다방면으로 이루어져야 한다. 다음의 내용은 저자가 여러 직책을 가지고 일하면서 원장직을 겸직으로 수행해야 했을 때 많은 업무들을 동시에 해결했던 경험과 경영학, 지도자학 등에서 공부하고 응용하며 정리한 업무습관에 관한 것이다.

1) 체계적인 계획과 실행

• 목표를 수립하면 달성하기 위해 노력해야 한다

해야 할 일은 신속하게 처리하는 것이 좋다. 목표를 거창하게 세워놓고 시작하지 못하거나 진행할 동기가 충분하지 않아 압박에 시달릴 때까지 미루면서 스트레스를 받게 된다. 해야 할 일을 정리하는 과정에는 현재의 위치에서 어떤 일들을 계획해야 하는지에 대한 혜안을 갖춰야 한다. 이러한 혜안에는 내 직업에 대한 객관적 시각, 전문적인 지식과 정보 습득, 사회적 변화 인지, 수요자의 입장 이해 등이 전제되어야 한다. 원장은 자신을 위한 연수를 발 빠르게 찾아야 하며 동종의 직업군들과 긍정적인 교류에도 적극적이어야 한다.

• 실행가능한 목표를 정한다

한 기관의 원장으로서 할 수 있는 범위와 능력을 알아야 한다. 지나치게 거창한 목표는 실행하기 어려우며 쉽게 좌절을 맛보게 한다. 원장과 교직원 모두 기관 내의 위치에서 자신이 실행할 수 있는 범위의 목표를 구체적으로 정해야 한다.

특히 원장은 자신의 기관을 위해 특별한 목표를 세워야 한다. 능력 있게 변화를 일으키는 사람들은 현 상태에서 부지런히 일하고 앞날을 바라보는 특성을 갖는다. 앞을 보며 살아가는 자세가 필요하다. 나는 이렇게 작은 직장에서 코흘리개들과 살고 있을 사람이 아니다, 이런 일을 하기에는 아까운 사람이다 생각하며 위만 바라보면 불행해진다. 다른 사람들의 삶을 부러워하며 기웃거리거나 비관하며 옆만 보는 것도 마찬가지다. 앞장서서 살지 못하고 남이 하는 것만 마지 못해 따라가며 뒤만 보고 가는 것도 무능해지는 지름길이다.

앞날에 대한 원대한 안목을 갖기 위해서는 쉬지 않고 배우는 자세도 필요하다. 원장 자신을 위한 목표, 교사교육을 위한 목표, 교육과정의 발전을 위한 목표 등을 단기목표(하루, 일주일, 한 달 혹은 1년)와 장기목표(10년, 5년 단위)로 세우고 목표달성을 위한 마감시간 정하기, 현실적인 목표 세우기, 사전에 목표를 올바르게 알리기 등에 유의한다. 좋은 전략의 필수조건은 계획에 필요한 인원(관여하는 사람, 책임자, 실행자), 자원(사람 외에 필요한 예산, 자금출처), 장애물(극복이 필요한 예상문제에 대한 대처), 평가(서류철로 남겨라) 등이다.

• 시간을 효율적으로 관리한다

영유아의 수업을 위해 연간, 월간, 주간, 일일 계획안을 작성하는 것처럼 원장 자신의 업무를 위해서 계획안을 작성한다. 매일의 일과 중에서 가장 중요한 일, 긴급한 일을 찾아 시간표에 배치하고 우선적으로 해결한다.

월별 일정표를 작성하는 과정에 매월 기본적인 원장의 업무와 각 월별로 해야 할 일을 찾아 행할 시간을 계획안에 포함시킨다.

〈매월 할 일〉

- 익월 예산 편성
- 월간 교육 계획안 및 실행 내용 비교 후 평가해 주기
- 월별 관찰일지 의견 쓰기
- 교사 교육 계획
- 소방훈련
- 방역 소독 계획
- 부모 게시판 내용 정비
- 어항 청소 점검
- 공간별 전등 및 파손 부위 점검과 보수
- 급여 지급
- 기타

〈각 월별로 할 일〉

예 11월의 할 일

- 각종 학술대회 검토와 참석 여부 결정
- 영유아교육경영연구소 원장 리더십 교육 참가
- 졸업생 사진 촬영 혹은 정리

- 내년도 연간교육계획안 개요 작성
- 김장
- 부모 참여수업과 재원아 상담
- 교사 개인별 면담
- 겨울 맞이 화분정리
- 관할구청 평가와 지도점검
- 가을동산 견학
- 겨울 데커레이션 계획
- 가습기 비치
- 기타

• 일의 우선순위를 정하자

효율적인 업무처리를 위해 가장 먼저 '지금 해야 할 일'을 하는 법을 배워야 한다. 일을 지나치게 많이 하지 말고 우선순위와 시간을 정하고 우선순위에 전념해야 한다. 해결해야 할 일이 많을수록 느긋하게 처리해간다. 많은 일이 쌓여 있을 때 허둥지둥 뛰어다니거나 이일 저일을 관여하다가 마치지 못하는 사람들이 많다. 온종일 번잡하게 움직였지만 결말을 보지 못하고 오히려 산만하게 일을 늘어놓는 경우가 많다. 구체적이고 간단하게 일의 순서를 정해 기록해보고 차례대로 해결해나간다.

일이 여기 저기 흩어져 있지는 않는가, 지금 가장 커다란 보상을 안겨다주는 몇 가지 일에 집중하고 있는가를 늘 점검해 볼 필요가 있다. 가장 위대한 성공은 참으로 중요한 일에 자신의 사람들을 집중시킬 때 가능하다. 스티븐 코비가 말하는 성공하는 사람들의 원칙 중 제3항의 '소중한 것을 먼저 하라'와 일맥상통하는 원리이다. 유능한 리더는 가장 좋은 것을 얻기 위해 지금의 좋은 것들을 희생할 줄 안다.

• 관련성이 있는 업무는 하나로 묶어서 같은 시간대에 해결한다

해결해야 하는 업무를 구체적으로 기록하여 함께 처리할 수 있는 용무를 찾는다. 유사한 업무들을 하나로 묶어서 우선순위를 정하고 일정한 시간에 한꺼번에 처리한다. 저자의 경우 가장 하기 싫은 일부터 해치우는 것이 스트레스를 덜 받는 요령 중의 하나이다. 하기 싫은 일을 미루다 보면 결국 문제가 발생하고 비난을 감수해야 할 때가 있다. 원장의 결재를 받아야 하는 교직원의 문서나 업무가 날짜를 지키지 못하고 늦춰지면 동료나 기관에 피해를 주게 되고 꾸중을 하게 되는 일이 발생하는 것과 같다. 업무지시를 할 때 기한을 정확하게 주는 것처럼 내 자신의 업무도 계획한 시간에 끝내는 모범을 보여야 한다.

• 일중독이라고 느껴질 때 주변사람을 돌아보며 쉬어간다

자신이 일중독이라고 여겨진다면 일을 잠시 놓고 건강검진을 하거나 정신을 건강하게 해줄 수 있는 취미활동을 찾아본다. 많은 일을 할수록 정신건강을 위한 돌아보기가 필수이다.

모두가 부러워 하는 학벌, 수려한 외모, 학교와 사회에서 인정받는 직책 등 소위 화려한 스펙을 갖추고 있는 대학교수 A는 일중독이 심한 사람이다. 초임교수 시절 만났을 때는 밝은 인상과 사교적이고 적극적인 태도에 호감이 갔다. 10여 년 동안 가끔 마주칠 때마다 인상과 살아가는 태도가 너무 많이 변해가는 것을 본다. 인간 사회의 도의와 의리를 버리면서까지 학교 내에서 보직 욕심, 학계에서는 연구 욕심, 외부적으로는 프로젝트 욕심에서 벗어나지 못하고 멈추지 못하는 모습을 보면 참 안타깝다. 주변사람들에게 가끔 듣는 안부는 늘 불안한 표정으로 허둥지둥대며 좌충우돌하는 모습이 점차 많아져서 정신건강이 의심된다고 한다. 처음에는 교내의 오피니언 리더로 관심을 받았지만 이제는 A가 리더가 되어 끌어가는 일에는 얽히기 싫다고 말한다. 최근에는 건강상의 문제가 발견되었는데도 끝없는 욕심이 잠재워지지 않는다. 누구에게나 어려운 일이지만 리더는 자신에 대한 통찰을 소홀히 해서는 안 된다.

탐욕을 버리고 산적한 일들 가운데 한 번씩은 브레이크를 밟

으며 쉬어가야 한다. 유능함이라는 덕목은 사람들과의 원만한 관계 속에서 행복하게 일할 때 빛을 발한다.

• 직장에서의 업무와 사생활을 구분한다

직장의 업무와 사생활이 균형을 이룰 수 있도록 사생활에서의 정서가 안정되어야 한다. 직장에서 해결하지 못한 일들이 쌓여서 매일 야근하는 일은 바람직하지 못하다. 건강을 해치고 다음 날의 일과에도 지장을 준다. 가족, 친구 등 가까운 사람들과의 친밀감으로 정서가 편안해야 직장에서의 정서도 안정된다. 주변 사람을 사랑하고 배려하며 사는 것도 업무의 효율을 높이기 위해 필요한 일이다.

내 자신의 건강을 위해 시간을 할애한다. 식이요법, 휴식, 레크리에이션 등 건강보호를 위해 할애하는 시간의 중요성에 유념한다. 친밀하게 관계를 유지하고 있는 원장들이 질환 때문에 병가를 내기도 하고 입원했다는 소식을 접하는 일이 점점 많아진다. 심지어 사망소식을 듣기도 한다. 대부분 갑상선이나 소화기 계통, 여성질환, 암이 많았다. 문서 관련 업무나 원 전체 업무, 회의 등으로 퇴근시간이 늦어지는 경우 저녁식사가 불규칙해지기 쉬운데 쉬지 않고 일해야 하는 스트레스가 원인이다는 진단이다. 장수가 축복이 아니라는 말이 나올 만큼 아직 많이 남아

있는 생애주기를 위해 건강을 위한 노력은 모두의 필수 과제가 되었다. 원장이 건강하고 행복할 때 기관 전체의 분위기도 건강하고 행복하다.

▶ 바람직한 업무습관을 위해 점검해보자.

- 업무를 하는 가운데 휴식을 위한 계획과 실천방법이 있는지
- 스트레스 해소를 위한 나만의 방법이 있는지
- 원장 자신의 연수를 위해 교육받을 기회를 찾고 참여하는지
- 기관과 관련된 지역사회의 인사들과 지속적인 교류를 하는지
- 운영에 필요한 예산 절감과 효율적인 사용을 위해 해당 정보 검색을 꾸준히 하는지
- 컴퓨터를 능숙하게 다루기 위해 노력하고 배우는지
- 효율적인 운영을 위해 원장 자신의 연간, 월간, 주간, 일일 계획을 작성하는지
- 근무시간 내의 시간을 잘 활용하기 위해 일의 우선순위를 정하고 업무에 임하는지
- 원장 자신이 교직원들에게 직업과 사생활에서 모범이 되는 사람이라고 생각하는지
- 지역사회의 요구와 변화에 유연하게 대처하는지
- 방해요인 없이 업무에 몰두할 수 있는 원장만의 공간이 있는지
- 교직원들과 함께 프로그램 운영에 대한 평가시간을 갖는지
- 프로그램의 계획, 실행, 평가의 단계에서 결재라인이 있는지
- 기관의 미래를 위한 공간이나 설비에 대해 단계적인 계획이 있는지

- 물품을 구입한 명세표를 보존하고 서류화하고 있는지
- 각 공간의 설비와 비품에 대한 관리책임자를 선임하고 감독하는지

2) 정리정돈의 습관

유능한 리더의 조건으로 자기 주변을 깨끗하게 정리해야 한다고 주장하는 사람들이 있다. 성공학 강사인 브라이언 트레이시(Brian Tracy International 회장)는 부자와 빈자의 책상을 비교하면서 부자의 책상에는 절대로 너저분한 서류더미가 없다고 말한다. 우리나라에도 청소를 통해 스스로를 다스리는 '청소경영'이 소개되고 있다. 영유아들이 좋아하는 캐릭터 피카추로 유명한 포켓몬의 사장 아카라 치바Akara Chiba의 책상은 포켓몬 인형 외에 진행 중인 프로젝트 서류와 컴퓨터, 책상용 소품이 전부라고 한다. 석유 재벌 록펠러John Davison Rockefeller, 일본의 인재양성소 정경숙의 설립자 마쓰시다 고노스케 등의 경영방식을 보면 성공을 위한 필수가 청소라고 말한다. 이들의 생활습관 중 중요한 점은 깔끔한 책상을 위해 비서나 직원이 아닌 그들 자신이 직접 정리정돈한다는 것이다.

하루의 일을 마치고 퇴근하면서 책상의 불필요한 물건이나 파

일을 모두 깨끗하게 정리하고 다음 날 해야 할 일을 구체적으로 기록해 놓는다. 필기도구, 필통, 시계, 서류철함, 탁상달력 등은 항상 있어야 하지만 개인사진, 사탕, 필요 이상의 서류함, 필기도구가 꽂힌 여러 개의 꽂이 등은 집중력에 방해가 될 수 있으므로 서랍 속에 두거나 정리한다.

해야 할 일들은 순서대로 기록해 놓으면 집에 돌아가 다음 날을 걱정하지 않아도 된다. 아침에 도착한 즉시 업무를 시작할 수 있으며 개인적이고 민감한 서류들을 보호할 수 있다.

케네스 지글러(2008)가 말하는 정리법을 기초로 유아교육기관에서의 책상정리 요령을 만들어보았다.

책상정리를 위한 Tip

- 서류철이 없어도 주간계획표나 달력을 통해 필요한 업무를 확인할 수 있도록 한다.
- 서류함에서 필요한 서류철을 신속하게 찾을 수 있도록 라벨을 붙이고 정리해 둔다.
- 이미 종료된 일의 서류와 앞으로 예정된 일의 서류를 분류하여 정리한다.
- 책상 위의 물건들은 일어나서 뒤적거리지 않도록 앉아있는 자세에서 시야에 들어오게 정리한다.
- 아무렇게나 꽂혀있는 서류나 영수증, 명함들을 정리하여 한데

모은다.

- 인터넷에서 쉽게 찾을 수 있는 정보에 관한 유인물은 과감히 버린다.
- 펜, 연필, 종이, 집게 등의 수를 줄인다.
- 사무용품이나 개인소지품의 범주를 정하여 서랍을 분류한다.
- 출처를 모르는 물건이 나오면 주인을 찾아주거나 버린다.
- 서랍 속의 물건들은 작은 물건이라도 섞이지 않도록 구분지어 보관한다.

• 귀가 후에는 내일의 일과에 적합한 의상을 준비하여 걸어둔다

아침 출근시간에 허둥대지 않고 여유있게 준비할 수 있도록 다음 날의 의상을 미리 계획하여 걸어두고 출근할 때 가져가야 할 물건이 있다면 출입문 옆이나 현관에 미리 배치해둔다.

7. 직무만족도와 이직사유

원장이라는 직업에 맡겨진 역할을 수행하는 동안 자신에게 주어진 직무에 만족하기도 하고 불만을 갖기도 한다. 꿈꾸던 자신의 욕구를 충족시키는 정도, 즉 직무를 통해서 얻는 긍정적 기분상태의 정도를 직무만족도라고 할 때 직무만족도는 일하는

조직의 구조와 함께 여러 요인의 영향을 받는다. 직무만족도가 낮은 상태가 지속되면 다른 미래를 구상하며 이직을 준비하게 된다.

1) 영향을 미치는 요인

직무만족이 중요한 이유는 삶의 질과 관련되기 때문이다. 영유아교육 현장에 대한 정책적 지원과 교육환경, 즉 근무조건, 업무의 부담 및 부모나 지역사회의 기대나 요구 등의 정도에 따라 직무에 대한 만족의 정도가 만들어진다. 직무에 심한 부담감을 가지게 될 경우 사기가 저하될 뿐만 아니라 자존감에도 상처를 받게 된다. 직장인으로서의 삶과 관련된 요인들이 적합한 수준에서 유지되고 제공되어야 한다. 직무에 대한 만족감을 가지고 자신의 일에 대한 보람을 느끼면서 더 많은 발전을 위해 노력할 때 우리 기관의 질적 향상도 기대할 수 있을 것이다.

원장이 직장 내에서 격려와 지지를 받고 즐겁게 업무에 임하도록 하는 존재는 부하이자 동료인 교직원들이다. 교육의 질은 교사에게 달려 있고 교사의 질은 원장에게 달려 있다는 말이 있을 만큼 원장의 능력과 역할은 교직원에게 결정적인 영향을 미친다. 그들의 성장에 대한 원장의 관심과 지지능력, 제공하는 훈련의 종류 등은 직무에 대한 태도를 결정짓는다고 해도 과언이 아닐 것이다. 교직원들의 직무만족도는 곧 원장의 직무만족도로 되돌아올 것이다.

사소한 부주의와 미숙한 일처리로 불화가 생기지 않도록 해당 업무를 철저히 분장해주고 관리해야 한다. 모든 교직원이 프로그램의 목적에 동의하고 응집력이 높으며 긍정적인 조직풍토를 갖는 기관에서는 정책, 절차, 책임이 명확하게 정의되고 승진 및 포상의 기회가 공정하며 의사결정과정에서 교직원들의 자율성이 부여된다. 자율적인 풍토는 교직원 자신에 대한 기대와 가치를 긍정적으로 이끌어준다.

개개인에게 주어진 업무의 양과 질이 직무만족도에 영향을 미친다. 주어진 업무에서 즐거움을 느끼고 자신의 요구를 충족시킨다고 느낄 때 질적인 측면의 만족이 주어진다. 수행해야 하는 업무의 양과 소요시간도 스트레스를 주는 정도와 관련하여 직무만족도를 좌우한다.

유아교육기관의 업무분장은 연령, 학력, 경력, 사무능력, 인간관계 등을 고려하여 분담되고 책임소재가 명확해야 한다. 기획력과 리더십이 요구되는 업무는 경력교사에게 배정되는 것이 좋고 수업자료의 보유실태 파악을 돕기 위한 자료실 관리는 신입교사가 맡는 것이 좋다. 상조회 업무 등 인간적인 유대와 권위가 필요한 일은 연장자에게 배정되는 것이 좋다. 조리종사자, 운전기사 같은 직종의 업무를 맡은 자들에게도 인간적인 배려를 통해 소외감을 갖지 않게 한다.

김혜경의 조사(2011)에 의하면 교사들은 인터뷰에서, 감당하기 힘든 영유아의 수, 학부모와의 긴장, 견디기 힘든 소음, 동료와의 불편한 관계, 사생활을 무시당하며 일해야 하는 풍토, 발전 가능성이 없는 근무환경, 원장과의 의사소통 부족 등의 요인이 직무만족도를 저하시키며 이직을 생각하게 한다고 한다. 이러한 조사들을 근거로 볼 때 유아교육기관의 근무환경에서 직무 만족도를 높이는 방법은 교사 대 영유아 비율을 줄이고 적당한 휴식 공간과 시간의 확보, 기관 내 인간관계 개선을 위한 방법 모색, 자체연수나 자기장학을 통한 발전 가능성의 제공 등으로 요약된다.

우리의 직장은 날이 갈수록 취원연령이 낮아지고 있고 일과 시간이 연장되어가면서 업무가 과도해져 다양한 스트레스에 시달리기 쉽다. 가끔 언론에 보도되는 교사들의 돌출행동과 영유아 학대사건을 접하다보면 과연 이 문제가 교사자질만의 문제인가 하는 생각에 마음이 아프다. 심신의 건강과 생활양식이 영유아들에게도 많은 영향을 미치는 중요한 요인이 될 수 있다. 원장과 교직원 모두 자신과 영유아들을 위해 바른 생활양식에 관심을 가지고 행복한 직장생활이 될 수 있도록 노력해야 할 것이다.

영유아교육기관에서 일하는 사람들의 스트레스가 어떤 것인지 중앙보육정보센터, 서울특별시보육정보센터, 경기도보육정보센터의 상담실의 운영상담과 교사상담 사례를 참고하여 범주별로 분류해보았다.

- 금전문제 : 급여, 처우, 퇴직금, 수당, 식대, 교사교육비
- 근무환경 : 대인관계, 근무시간, 휴가 및 경조사, 출산과 육아휴직, 주말근무, 휴일근무, 잔업시간, CCTV 관련
- 보육 관련 : 문제행동 지도법, 계획안 작성문제, 상해 시 사고처리 절차
- 교사 교육 관련 : 승급교육, 보수교육, 직무교육, 대체교사 구하기, 결근문제
- 기타 : 일인 시위, 인증준비 절차, 원장의 대학 시간강사 겸직문제

이와 같은 일들을 많은 기관과 그 기관에서 근무하는 사람들이 겪고 있는 것이다. 문제가 발생했을 때 지나치게 고민하고 비관할 것이 아니라 느긋하게 심호흡을 해보면서 처리할 방법을 찾아본다. 스트레스의 원인은 대부분 사람들로부터 발생된다. 인사가 만사라는 말은 언제들어도 진리인 것 같다. 아직은 젊은

탓에 교직원 때문에 상처받고 속상해 하는 후배원장들에게 해주는 말이 있다. 어느 기관이나 좋은 교사, 나쁜 교사, 이상한 교사가 존재한다고, 반항하고 대드는 교직원과 감정싸움을 하는 것도 젊은 혈기의 축복이라고 말해준다. 못 말리는 부모의 아이가 졸업하고 나가면 또 다른 부모 '스타' 가 나타나 모두의 신경을 새롭게 건드리듯이 교직원의 구성에서도 이러한 흐름은 언제나 발생한다.

젊은 원장에게 교직원 중 두 명만 신뢰하고 살 수 있으면 견뎌보라고 말한다. 둘은 신뢰하고 여섯은 그저 그렇게 살아가주고 속 썩이는 사람이 두 명 정도라면 그런 대로 견뎌봐야 한다고 말해준다. 소위 2-6-2의 원칙이다.

2) 이직 시 고려사항

영유아교육 현장은 항상 '구인' 중이다. 전국의 보육정보센터나 커뮤니티 사이트들의 구인 · 구직은 연중 어떤 시기에도 활발하게 검색되고 있다. 그만큼 이직률이 높다는 실제 상황을 반증하고 있는 것이다.

유아교사들의 이직사유는 다양하지만 가장 많은 내용은 직장 내 인간관계에서의 갈등으로 조사되었다(김혜경, 2006). 특히 상사, 즉 원장이나 경력교사 등과의 관계에 많은 어려움을 겪고 있었는데, 보수, 집과의 거리, 출·퇴근 시간대, 물리적 환경 같은 조건보다 더 많은 영향을 미치는 사유임을 알 수 있었다.

탁월한 업무처리 능력, 솔선수범과 강한 책임감, 뜨거운 열정과 자신감, 따뜻한 마음과 배려 등 상사로서의 바람직한 덕목을 겸비한 좋은 리더들과 일하는 것이 직장인 모두의 바람이지만 현실은 그렇지 못하다. 어느 직장이나 다양한 사람들이 만나 일하기 때문에 갈등이 있게 마련이고 리더인 내 자신도 그들에게는 '다양한' 유형 중의 한 사람이 될 수 있다. 교직원들과의 관계가 편하지 못하고 고통스러운 정도가 되면 원장도 이직을 생각할 수 있다.

많은 사람들이 직장생활을 하면서 이직을 생각한다. 직장은 업무와 사람으로 인해 어려움이 있는 곳이며 그 어려움을 감수해야 하는 곳이다. 일반 직장과 달리 교직윤리를 요구하는 영유아교육기관이라는 직장에서의 원만한 적응을 위해 더 많은 노력과 결연한 자세가 필요하다. 반드시 자신이 맡은 기관을 최선을 다해 끌어가기 바라며 이직을 고려한다면 다음의 질문을 스스로에게 해볼 것을 권한다.

• 나는 왜 원장으로 일하고 있는가?

직업은 성인이 되어서 선택하는 것이기 때문에 어린 학생들처럼 타인이 시켜서 하는 일이 아니다. 본인만의 꿈과 이상이 있었을 것이다. 시작할 때 어떤 각오였는지, 내 자신은 그 각오대로 노력하며 사는지 점검해 본다.

• 현재의 기관에서 행복하지 못한 원인이 무엇인가?

출근하고 싶지 않고 재미가 없다고 느껴질 때 그 원인을 생각해 본다. 거리가 멀어서라면 이사나 자동차 구입 등의 가능한 해결방법을 찾는다. 보수가 적어서 사기가 떨어진다면 현재의 지출흐름을 분석하고 자금의 여유를 갖는 방법을 찾는다. 영유아들의 문제행동이나 등원거부를 지도할 때 그 원인의 진단이 우선인 것처럼 내 자신의 문제와 원인을 객관적으로 분석해본다. 이직이 아닌 다른 해결책을 모색해본다.

• 내 자신의 미래에 유익한 일을 하고 있는가?

먼저 자신의 미래에 대해 어떤 꿈을 가지고 있는지 스스로에게 묻고 정리한다. 그 꿈에 필요한 일이라면 견뎌야 할 것이다. 이 일이 정말로 유익한가를 묻는 과정이 필요하다. 멘토가 되어줄 경력 원장이나 인생 선배에게 상담을 해보는 것도 좋다. 상담과정을 통해 자신의 장점과 희망을 부각시키는 계기가 되고 장래에 유익한 업무들이 기획되어 실력을 더 쌓아가는 계기가 된다.

• 이직이 부가가치를 높이는 일일까?

다른 기관으로 옮겨가서 원장생활을 하는 것이 자신의 미래에 보탬이 되는 결과를 낳을지 고려한다. 참고로 짧은 기간 동안 여러 기관으로 옮겨 다니는 사람에 대해서는 긍정적인 시선으로 보지 않는다. 적응능력이나 대인관계에 문제를 가진 사람으로 취급받기 쉽다. 내 기관을 운영하는 경우 재미가 없어서 폐원을 하고 다른 일을 도모해볼 생각이 있다면 지금보다 행복할지 신중하게 검토한다.

저자의 선배 B는 오랫동안 유치원을 경영하다가 젊은 부모들과의 실랑이가 지겹고 싫다며 과감하게 문을 닫고 그 자리에 한정식 집을 차렸다. 유희실은 단체 손님용, 각 교실은 예약 손님용, 식당과 로비는 일반 손님용으로 적합하다고 자랑하며 즐겁게 임하는 듯 했다. 3년 정도 운영하며 유치원을 경영할 때보다 많은 돈을 벌었지만 다시 영유아교육현장으로 돌아왔다. 순수한 영유아들과 매일 사랑을 나누고 교사들과 즐거운 행사를 준비하면서 누리던 행복이 그리워졌다고 말했다. 교회부설 어린이집을 시작하면서 작은 공간에 원장실을 꾸미고 있던 표정을 잊을 수 없다. 자신은 타고난 유아교육자라나……

• 이직이 자신의 삶을 변화시킬까?

다른 기관으로 옮겨가서 원장으로서의 역할을 훨씬 더 잘할 수 있을지 자신의 능력과 태도를 점검한다. 현재 직장에서의 업무가 힘들다면 그와 유사한 다른 기관의 업무도 힘들다. 인사권자로부터 "당신 말고도 일할 사람 많다. 퇴직하는 게 좋겠다"는 말을 들을 정도가 되지 않도록 내 일에서는 전문가가 되려고 노력해야 하며 매사에 최선을 다해야 한다. 어떤 직장에서나 경력과 호봉이 쌓일수록 실력은 그에 비례해야 한다.

• 다른 분야에서의 처우는 좋을까?

영유아교육현장이 자신과 맞지 않아 이직을 고려한다면 어떤 일이 가능할지 생각해본다. 그리고 그 직업에서의 실제 업무가 어떤 것들인지 구체적으로 기록해본다. 의외로 쉽지 않음을 알게 된다. 원장 자격증은 정규 양성과정을 통해 국가가 인정하는 자격을 취득하기까지 이론과 실제를 익힌 직업이다. 전문적인 지식과 기술이 없는 상태에서 쉽게 일하고 좋은 대우를 받는 일은 불가능하다고 보는 것이 좋다.

8. 회복탄력성resilience

영유아교육현장은 수업, 부모관리, 행사준비, 학급운영, 기타 문서업무 등 과다한 업무로 인한 스트레스가 많은 직장이며 직무스트레스로 인한 소진으로 높은 이직률을 드러낸다. 하지만 모든 사람이 소진하여 이직하거나 교직을 떠나지 않는 이유는 크고 작은 역경과 어려운 상황에서 그들이 가진 회복탄력성을 발휘하여 스트레스를 극복하고 재적응하기 때문이라고 볼 수 있다.

회복탄력성은 개인이 가진 능력의 하나로 스트레스나 역경을 극복하고 성공적으로 적응하는 긍정적인 힘을 의미한다(김주환, 2009; Garmezy, 1993). 회복탄력성은 일상의 작은 스트레스에 반응하여 업무수행을 돕고 유지할 수 있도록 작용한다. 회복탄력성이 높은 사람은 자신의 실수에 따른 주의통제와 감정조절을 효과적으로 수행하며 낮은 사람은 작은 실수에도 우울증을 보이고 더 큰 스트레스를 받아 극복이 어려운 것으로 나타났다. 회복탄력성이 잘 발휘되는 원장은 기관 내에 안정된 환경을 제공하고 지지적인 관계를 맺는다. 따라서 이러한 원장과 생활하는 교직원과 영유아 역시 바람직한 관계맺기의 모델을 보고 회복탄력성이 높은 사람으로 성장할 가능성이 높다.

1) 하위요인

회복탄력성의 하위요인은 다음과 같이 정리된다.

(1) 개인적 능력

- 정서조절력 : 압박과 스트레스 상황 속에서도 자신의 정서를 조절하는 능력을 말한다. 감정을 잘 조절하고 이해하기 때문에 정서지능이 높으며 직무만족도도 높다.
- 자기효능감 : 자신을 유능하고 효능감 있는 사람이라고 생각하는 것을 말한다. 일에 자신감이 있을 때 상대방을 잘 이해하고 적극적으로 대한다. 교직원에게도 많은 자율성을 부여할 것이며 긍정적인 상호작용을 보인다.

(2) 목적지향능력

- 충동통제력 : 목표달성을 위해 일시적인 충동이나 즉각적인 만족을 주는 행동을 자제하고 인내하는 능력을 말한다. 교육적 목표를 향해 매진하는 가운데 현재의 어려움을 참아낼 수 있다.
- 낙관성 : 미래에 좋은 일이 일어날 것을 기대하고 자신이 겪는 실패를 일시적인 것으로 여겨 역경을 극복할 수 있다고 믿는 긍정적 사고를 말한다. 실수를 두려워하지 않고

늘 긍정적인 시도를 하게 되면 기관의 분위기도 활기차게 만든다.

- 적극적 도전성 : 익숙한 일상에 안주하지 않고 자신의 한계를 넘어 새로운 것을 두려워하지 않는 능력을 말한다. 정책 환경의 변화나 역경을 두려워하지 않고 경영의 질을 높이기 위해 효과적인 방법을 강구하거나 연구에 참여할 것이다.

(3) 사회적 능력

- 원인분석력 : 갈등이나 문제를 바르게 해결할 수 있도록 원인을 정확히 진단해내는 능력을 말한다. 반응과 결과를 분석해내고 보다 발전된 경영이 가능해질 것이다. 자신을 위한 반성적 사고는 성장과 발전을 돕게 된다.
- 공감능력 : 타인의 감정이나 심리상태, 내적 경험을 이해하고 느낄 수 있는 능력을 말한다. 영유아나 부모, 교직원과 긍정적인 관계를 맺는다.

2) 긍정적 사례

직무스트레스는 원내의 인간관계에 부정적인 영향을 미치고 교육과 보육의 질을 떨어뜨린다. 좀더 유능한 원장이 되고 싶을 때 회복탄력성은 반드시 잘 발휘되어야 하는 능력이다. 업무수행, 신체건강, 정신건강, 관계의 질에 영향을 미치는 행복과 성공의 기초 요소이기 때문이다.

회복탄력성은 일부 사람들에게만 존재하는 특별한 능력이 아니라 긍정적으로 생각하며 웃고 희망하며 삶에 의미를 부여하고 적극적으로 행동하고 도움을 요청하며 다른 사람과 관계를 맺는 특성이다. 타고나는 것이 아니라 변화와 도전적인 환경에서 긍정적인 적응과 개인적인 발달을 포함하는 역동적인 개념이다. 개인과 환경의 역동적인 상호작용을 통해 발달과정에서 점진적으로 형성되고 변화가능하므로 모델링이나 교육 등을 통해 길러질 수 있는 능력이라고 볼 수 있다. 변화하는 환경에 적응하고 그 환경을 스스로에게 유리한 방향으로 이용하는 능력이다.

양광모(2011)는 회복탄력성이 사람마다 다르지만 체계적인 노력과 훈련에 의해 키울 수 있다고 말한다. 회복탄력성이 높은 사람의 특징을 설명하기 위해 두 사람을 사례로 들고 있다. 서울대 이상묵 교수는 45세에 차량전복 사고로 전신마비가 되고도 6개월만에 일상에 복귀했다. 『해리포터』 작가인 조엔 롤링 역시 절박한 싱글맘의 역경을 딛고 부와 명성을 얻었다. 이들은 자신의 고난과 역경에 대해 긍정적인 의미를 부여하는 스토리텔링에 능하다.

영유아기에 좋은 성인의 역할이 미친 영향을 설명하기 위해 사례로 든 하와이 카우아이섬의 실험도 주목할 만하다. 같은 해 이곳에서 태어난 신생아 833명을 성인이 될 때까지 추적해봤더니 성공적인 삶을 살아가는 사람의 비결은 인간관계였다. 주변의 누군가로부터 헌신적인 사랑과 신뢰를 받고 자란 사람은 회복탄력성이 높았다. 영유아를 대상으로 직업을 가진 우리에게 많은 시사점을 주는 연구이다.

여러 연구와 실험들을 통해 확인되는 회복탄력성의 3대 요소란 자기조절 능력과 대인관계 능력, 긍정적 정서이다. 회복탄력성이 높은 사람은 실수를 두려워하지 않으며 자기 실수에 대해 스스로 민감하게 알아차린다. 뇌의 회복탄력성을 높이기 위해서는 긍정적 사고의 훈련이 필요하다. 예상치 못한 작은 선물을 받았다든지, 5분간 코미디프로를 시청했다든지, 감사한 일에 대해 생각했다든지 하는 아주 작은 것이라도 긍정적 정서는 인지능력을 눈에 띄게 향상시킨다. 자신의 약점에 연연하기보다 강점을 발견해 집중하는 것도 회복탄력성을 올리는 첩경이다.

대인관계 능력에 있어서는 상대의 호감을 끌어내는 대화의 요령이 필요한데, 소통의 기술과 공감의 원리를 알아야 한다. 좋은 인간관계를 유지하려면 상대에 대한 관심이 결정적이다. 영유아와의 바른 소통과 공감을 위해서 발달 특성에 대한 이해와 의사소통 능력이 필수인 것처럼 동료와의 관계, 부모와의 관계 등 원내에서 만나는 많은 사람들과 소통할 때 그들의 특성과 입장을 이해하려고 노력해야 할 것이다.

저자의 경험에 비추어 보면 영유아 및 성인과의 대화에서 아래의 네 가지 원칙을 지킬 때 따뜻하고 온정적인 분위기에서 상호작용이 가능하다고 본다. 네 가지의 앞 글자를 묶어서 '개, 인, 발, 전!' 으로 암기하고 실천해보기 바란다.

- **개**별적으로 관심 가져주기
- **인**정하기
- **발**달에 적합하게 대하기
- **전**인적 발달을 촉진하는 대화하기

제3장

경영스타일 점검

제3장
경영스타일 점검

기관을 경영하는 원장들은 사람들과 상호작용을 하고 자신감을 갖는 과정에 자신만의 독특한 운영 스타일을 보여준다. 저자가 다양한 직장에서 직접 경험한 리더, 오랜 시간 온라인 상담을 통해 간접 경험한 인사관리 사례, 평가 및 컨설팅 과정에서 만난 원장의 여러 가지 모습 등을 토대로 경영 스타일에 대한 유형을 분류해보았다. 지도자대학원에서 배웠던 내용과, 틈틈이 자습하며 모아둔 자료들 속에는 정말 많은 리더십 이론과 견해가 있다.

동양과 서양의 고전, 조직의 특성, 인물, 다양한 학문에서 도출된 리더십 관련 이론이 많지만 저자에게 인상 깊게 다가왔던 콘텐츠만을 선택하여 영유아교육 현장에 적용가능하도록 재구성해보았다. 관심을 가지고 공부를 시작할 때부터 책으로 풀어

보는 지금까지도 리더십의 정답을 찾을 수 없다. 참고하여 내게 적합하고 나와 함께 생활하는 교직원에게 유용한 부분을 찾아 적용해야 하는 융통성이 필요한 것 같다.

1. 상호작용에 따른 유형

1) 독재자형

독재자형의 원장은 독자적으로 정책을 결정한다. 다른 교직원들에게 무엇을 행해야 하는지를 지시하고 선택을 허용하지 않는다. 자신의 지식과 경험을 토대로 결정한 일에 대해서 대단한 자신감을 가진다. 기관의 목표를 세우고 어떻게 실행해야 하는지 명령하며 매일의 활동을 치밀하게 계획한다. 타인의 필요를 고려하지 않으므로 교직원들은 새로운 방법을 시도할 기회를 거의 갖지 못한다. 이러한 원장과 함께 일하는 교사들은 스스로 시도하거나 책임지려는 노력을 하지 않으며 명령에 복종하여 수동적인 학급운영을 하는 가운데 쉽게 지치고 지루해 한다.

리더 C는 자수성가하여 기업을 이루고 여러 유형의 각기 다른 회사조직을 가지고 있다. 관련회사들은 설립취지에 맞지 않아도 '회장님의 방침' 에 따라 명령이 주어지면 실행해야 한다.

건설회사에서 영유아사업을 기획하고 방송관련 회사에서 대안 학교 설립을 기획하며 공익법인에서 판매를 기획해야 한다. 전문가 그룹이 없는 상태에서 명령이 떨어지는 즉시 기획에 들어가기 때문에 해당 분야의 기초 지식이 없는 상태로 조직구성과 실행 도표가 그려진다. 결국 기획자의 책상 속에서 잠들게 되는 기획안을 만들면서 능력과 시간을 낭비하는 일들이 대부분이다. 아무리 좋은 사업계획도 회장이 'NO' 라는 한 마디만 하면 어떠한 건의나 검토없이 절대 진행할 수 없다.

신입직원들은 C가 직접 본인에게 지시했다는 사실에 자부심을 가지고 시작하지만 기획 후 버려지는 많은 일들에 대한 경험으로 무기력해져 있는 선배들의 정서에 곧 공감하게 된다. 기발한 발상의 능력은 가히 천재적이어서 항상 넘쳐나는 아이디어를 내놓고 명령한 뒤 검토나 실행은 흐지부지하는 리더 때문에 직원들은 그저 기획만 하는 '액션' 을 취하다가 회사생활을 접게 된다. 리더는 부하들을 꼼짝 못하게 하는 명령과 파워로 살 것이 아니라, 적합한 전문가에게 일을 맡기고 해당 분야에 대한 최소한의 기초 지식을 갖추어야 한다.

우리들의 직장은 표준화된 교육 및 보육과정이 있다는 점에서 참 다행이다는 생각을 해본다. 우리 현장에서의 사례에 대해 함께 생각해보자.

독재자형 원장의 사례

원장 D는 국·공립기관 한 곳에서 25년 동안 일했다. 전문대학 유아교육과를 졸업하고 당시 새마을 유아원이던 기관에서 신입교사로 교사생활을 시작하였고 승진을 거듭하여 현재 원장 5년차이다. 본인의 표현을 빌면 '나는 이곳에 뼈를 묻었다'고 말할 만큼 기관에 대한 애착이 강하고 지역사회에서는 이미 존경받는 기관장이다. 25년 동안 생활한 곳인 만큼 자료실의 작은 서랍 속 사정까지 꿰뚫고 있다. 교사들이 대충 대답하거나 거짓말을 하는 날이면 호된 질책을 면치 못한다. 반면에 지방자치단체의 우수교사 표창이나 공모전에 교사들을 추천하여 반드시 수상하게 할 만큼 교사교육에 힘쓰는 유형이다.

▶ D원장과 일하는 교사들은 어떤 입장일까?

▶ 내게도 유사한 특성이 있는 건 아닐까?

▶ 교사 교육에 관한 계획은 어느 정도까지 하고 있는가?

▶ 우리 교사들이 외부에서 인정받는 일에 관심이 있는가?

▶ 지시해 놓고 챙겨보지 못한 일이 있는가?

▶ 원장의 허락 없이 절대 할 수 없는 일이 있는가?

2) 무간섭주의형

무간섭주의형 원장은 어떤 것을 결정하라고 제안하지만 참여하거나 리더십을 제공하지 않는다. 기관의 목표달성을 위해 지도나 간섭을 하지 않고 수동적인 자세로 살아간다. 교사는 원장의 점검이나 간섭 없이 교구 · 교재 및 기타 물품을 구입하고 부모 교육활동 등도 교사들이 주도하여 진행한다. 무간섭주의형의 원장과 함께 일하는 교사들은 크게 두 부류로 나눠 볼 수 있다.

인간은 가능한 한 간섭받지 않는 것을 좋아한다는 점을 전제로 보면 능력 있는 경력교사는 역할을 잘할 수 있고 행복할 수 있다. 자신이 해야 할 일을 알고 있으며 원장의 리더십이나 도움 없이도 자신들의 학급일을 수행한다. 반면에 경험이 적고 확신이 없는 교사들은 도움과 지시가 필요하다는 것을 알게 되고 학급일을 힘들어 한다. 특히 영유아의 문제행동을 다루는 일, 부모상담 같은 일에서 어려움을 느낀다. 아무런 간섭도 하지 않는 원장과 일하는 교직원은 매너리즘에 빠지기 쉬우며 조직원 모두가 '직장치매' 현상을 보인다. 뭔가를 성취해내도 칭찬해주는 상사가 없고 경쟁하고 싶은 동료도 없으며 본받고 싶어 하는 후배가 없는 조직문화는 모두를 무능하게 만들게 된다.

리더 E는 부하들의 능률을 위하여 끊임없는 간섭이 있어야 한다고 주장한다. 본인이 스스로 메기를 자처했던 사람이다. 보양식으로 인기있는 추어탕을 만들기 위해 대량의 미꾸라지를 운반하는 과정으로 이해하면 쉽다. 메기를 한 마리 집어넣었을 때와 미꾸라지들만을 모아 놓았을 때 미꾸라지의 반응이 다르다는 것이다. 미꾸라지만 있는 집단은 멀미가 심해 금세 풀이 죽어 있거나 폐사하는 속도가 빠르지만 메기 한 마리가 함께 있는 그룹은 메기가 움직일 때마다 긴장하고 꿈틀대며 위치를 옮기게 된다. 잦은 움직임의 결과 육질이 우수하며 싱싱하게 살아있는 시간도 연장된다는 것이다. 운반차에 함께 실려서 그저 헤집고 다니고 있는 메기는 그 존재만으로 함께 있는 무리에게 막대한 영향력을 행사한다는 것이다. 실제로 부하직원들의 공간을 휘젓고 다니며 모든 일에 존재감을 보여주던 E 때문에 긴장하고 힘겨워했다. 하지만 그의 퇴사 이후 부하들은 '설쳐 주지 않고 점잖은' 후임 리더와 함께 일하면서 결속력이나 긴장을 잃었다고 말한다. 한편으로는 과거의 리더를 그리워하기까지 했다. 인간은 동기유발이 필요하며 활성화된 분위기에서 일하는 존재라는 것을 경험시켜준 직장이다.

또 한 사람의 리더 F는 유명인사이며 활발한 외부활동을 하는 것처럼 보이지만 자신이 책임져야 하는 기관의 내부에는 거의 무관심으로 일관한다. 명절에 다른 직장보다 많은 휴가를 쓸 수 있도록 하고 연말 보너스 제공 등의 선심성 일정으로 구성원들의 욕구를 무마시켜가면서 살고 있다. 직원들의 교육이나 능력 향상과 관련된 일에는 관심이 없다. 높은 호봉의 인력임에도 불구하고 그들은 핵심인물 혹은 참모의 역할을 하지 못할 뿐만이 아니라, 업무훈련이 되지 않아 사소한 업무도 조직적으로 해결해내지 못한다. 예산핑계, 인력핑계를 대며 미적거리는 사람도 입사 당시에는 경력이 화려하고 유능했던 사람이었다는 것을 알고 다시 보게 된 경우도 있다.

업무실적에 대한 보상이나 징계에 관한 기준과 원칙도 없다. 이러한 직장은 '출 · 퇴근하는 일' 이 업무인 직원들을 양산하는 결과를 낳는다. 업무시간에 세차를 하거나 사우나탕에 다녀오고 컴퓨터 게임에 몰두하는 장면을 아무렇지도 않게 볼 수 있는 직장에서 열심히 일하는 사람은 성취감이나 보람을 느끼는 대신에 혼자만 고생하고 억울하다는 생각으로 살아간다. 휴가나 보너스를 제공받을 때 리더의 앞에서는 '감사합니다' 를 연발하지만 아무도 존경하지 않으며 업무훈련이나 자기계발과 무관하게 살아온 자신들의 미래에 대해 고민하고 있다. 자신을 따르는 인력에게 확실한 비전과 로드맵을 제공하고 한 방향으로 일하게 해야 하는 의무에 소홀한 리더의 사례이다.

간섭이나 지도가 없는, 너무 편한 직장은 좋은 직장이 아니다. 인사관리가 엉터리인 곳은 모두가 함께 망하는 곳이다. 승진하여 본받고 싶은 롤모델이 없는 직장에서는 모두가 불행하고 퇴행할 수밖에 없다. 조직이 살아나거나 죽는 것은 전적으로 한 사람의 리더에 의해 좌우된다. 그런 의미에서 우리의 직장은 행복을 쉽게 찾을 수 있는 곳이다. 늘 새로운 수업을 준비하고 1년 단위 프로그램을 가져간다는 점에서 교직원 훈련이나 계발에 행복을 느낄 수 있는 곳이기 때문이다. 후배들의 발전 가능성을 보고 길을 열어주려는 노력은 원장의 필수과업의 하나이다. 무간섭주의형에서도 우리 현장에서의 사례에 대해 함께 생각해보자.

무간섭주의형 원장의 사례

원장 G는 자신의 기관을 운영한 지 22년이 되었다. 자신과 함께 15년 이상 근무해온 영아반 주임교사와 유아반 주임교사는 눈빛만 보내도 알아서 일하고 있다. 운영기간도 길었고 근래 부모들의 민원을 해결하느라 지쳐서 이제 두 주임교사에게 대부분을 맡기고 편하게 지내고자 한다. 원과 가까운 곳으로 이사를 했고 아침 등원시간과 오후 귀가시간에 잠시 현관에서 부모들과 인사를 나누고 낮 시간은 주로 원 밖에서 보낸다. 피부관리를 받고 요리를 배우며 골프 연습장을 다니고 있다. 행사에는 정장을 입고 주임교사들이 준비한 대로 원장의 역할을 해낸다.

▶ G원장의 원에서 일하는 초임교사들은 어려움이 없을까?

▶ 주임교사들의 권한은 어느 정도 부여하는 것이 좋을까?

▶ 원장의 소진된 상태를 회복하는 방법이 피부관리, 요리, 골프연습 밖에 없을까?

3) 절충협의형

절충협의형 원장은 정책을 만들고 결정해가는 과정에서 교직원을 포함시킨다. 기관을 경영하는 여러 가지 측면과 업무절차에서 교사들과 함께하는 가운데, 그들도 목적달성에 기여하며 성취감을 맛보게 한다. 함께 교육과정의 틀을 계획하고 비품이나 교구 · 교재의 구입을 의논하며 부모모임, 통신문 작성, 행사와 같은 일도 함께 기획한다. 영양사의 식단작성과정에 교사들의 의견을 함께 경청하게 한다. 이러한 운영방식은 가장 이상적인 유형인 반면에 다 같이 모이거나 의논하는 데 많은 시간이 소비되며 원장의 많은 노력이 요구되므로 가장 어려운 운영방식이기도 하다.

절충협의형 원장의 사례

원장 H는 대학교수 출신으로 현장 운영 경력 3년차이다. 매월 각 주제에 관련된 교육과정 계획안 작성을 지도하고 실행된 내용에 대해 첨삭지도를 해준다. 매주 목요일 교직원 회의 시 각 반의 주요 업무와 보고사항을 발표하게 하여 공유한다. 교구 · 교재의 구입은 매달 각 반의 필요사항과 우선순위를 조사하고 가능한 예산을 공개하여 협의된 선에서 구매한다. 자신의 업무에 대해 연간, 월간, 주간, 일일 계획을 가지며 교직원에게 공개하고 한 방향으로 일할 수 있는 분위기 조성에 힘쓴다. 교사들과 협의를 거쳐 일을 진행하다보니 원에 머물러 일에 집중해야 할 시간이 많다. 가족들은 가끔 대한민국의 유아교육을 혼자 다하느냐 묻는다. 현재 H원장의 최대 관심사는 효율적인 시간 관리법이다.

▶ 나는 하루일과를 어떻게 보내고 있는가?

▶ 행사를 기획할 때 교사나 부모, 원아들의 요구를 파악하여 반영하는가?

▶ 우리 원의 교직원은 내 방침에 한 방향으로 따르며 일하고 있는가?

▶ 일과진행, 비품 및 교구 · 교재 구입에 어느 정도 관여하는가?

▶ 회의는 상명하달식이 아닌 민주적인 방식으로 하고 있는가?

위에 이론과 사례들을 통해 내 모습을 분석해본 후 앞으로의 모습을 계획해보자.

▶ 나는 어떤 스타일의 원장이 되고 싶은가?

2. 업무태도에 따른 유형

2000년을 전후하여 리더의 유형을 네 가지로 나누고 유행했던 용어가 있는데 바로 똑부, 똑게, 멍부, 멍게라는 말이었다. 이 용어들은 업무에 임하는 리더의 두뇌와 부지런함의 정도를 나누는 말이었다. 인기가 있는 순서대로 풀어보면 다음과 같다.

- 똑게 : 똑똑하지만 게으른 리더
- 똑부 : 똑똑하면서 부지런한 리더
- 멍게 : 멍청하고 게으른 리더
- 멍부 : 멍청하지만 부지런한 리더

자신들의 리더를 떠올리며 선호하는 유형과 피하고 싶은 유형을 선택하게 했을 때 가장 인기 있는 유형은 '똑게' 였고 가장 혐오하는 유형은 '멍부' 였다.

1) 똑똑하고 게으른 리더

똑게, 즉 똑똑하고 게으른 리더는 좋은 두뇌로 바른 방향을 제시하고 업무를 효율적으로 진행할 수 있도록 조직화시켜 주면서 실제 업무는 대부분 부하들에게 권한을 위임하는 특성을 갖는다. 바른 방향을 주는 리더에게서 많은 것을 배우고 성장하는 가운데 실제 업무에서 주어지는 자율성 때문에 조직원들은 신바람이 난다. 게으른 특성이 오히려 부하들의 능력발휘를 가능하게 한다. 할 일을 효과적으로 해내게 하는 능력을 지닌 바람직한 사람으로 평가받는다는 것이다. 인간은 자율적으로 일할 수 있고 책임과 권한이 주어질 때 더 열심히 일하는 특성을 갖는 것을 확인할 수 있었다.

2) 똑똑하고 부지런한 리더

똑똑하고 부지런한 리더 역시 좋은 두뇌로 일에 대한 로드맵을 잘 그려주지만 모든 것을 꼼꼼하게 점검하는 부지런함까지 지녔기 때문에 죽어라 일만 하는 일중독의 경향을 보이는 것 같다. 리더가 요구하는 수준을 만족시키지 못했을 때 쌍방은 서로를 불편해한다. 너무 많은 개입과 참견으로 인해 부하들이 창의력을 발휘할 기회를 갖기 어려운 조직이 된다. 일반적인 의미에서 게으르다는 것은 바람직한 의미가 아니기 때문에 언뜻 가장 이상적이라고 생각할 수 있는 똑부, 즉 똑똑하고 부지런한 리더가 선호되지 못한 이유는 무엇일지 궁금했다. 바람직한 리더에게는 모든 것을 본인의 의사대로 밀고나가 관철시키는 부지런함보다는 조직원들에게 판단과 결정을 할 수 있게 하는, 어느 정도의 권한위임이 필요하다는 것을 보여주는 결과일 것이라고 판단했다.

3) 멍청하고 게으른 리더

모두가 함께 가야할 방향을 주지 못하고 업무진행마저 관리하지 않는 멍청하고 게으른 리더는 어느 누구도 존경하지 않는다. 한 개인이 존경을 받지 못하는 차원을 넘어서서 조직의 존폐 자체가 위협을 받게 될 것이다. 능력 있고 열정적인 사람일수록 발전이 없는 직장을 떠나고 싶어 한다. 모두가 와해되는 결과를 가져올 유형이 바로 멍청하고 게으른 리더이다.

4) 멍청하고 부지런한 리더

멍청하고 게으른 리더보다도 인기 없는 유형이 바로 '멍부'였다. 멍청하고 부지런한 리더는 현상을 제대로 보지 못하고 판단에도 오류가 많아 엉뚱한 일에 모두의 에너지를 쏟게 한다. 부하들 역시 신뢰를 갖지 못하기 때문에 지시에 따르는 일이 재미없다. 오판한 것을 알게 되면 특유의 부지런함으로 곧 또 다른 일을 지시한다. 불필요한 일이나 엉뚱한 방향의 일을 시켜놓고 부지런히 진행상황을 챙겨가며 노심초사하기 때문에 다 같이 짜증나는 일처리를 해나가야 한다. 이러한 유형은 자신만의 방향설정보다는 능력을 가진 여러 사람에게 분산위임해준 후에 위임한 권한이 올바로 사용되는지 관리하는 것에 부지런함을 발휘하는 것이 좋을 것 같다.

3. 에너지 순환에 따른 유형

유아교육 현장에는 16가지 유형으로 분류되는 MBTI(Myers-Briggs Type Indicator)와 9가지 유형에서 세분화하면 486가지 성격유형으로 분류되는 에니어그램Enneagram 같은 자기보고식 성격유형 분석이 소개되고 있다. 이러한 검사들을 이미 접해본 독자가 많으리라 생각된다. 여러 용도로 활용되고 있고 무엇보다 자기 자신에 대한 성찰의 기회를 얻을 수 있는 좋은 자료이다. 하지만 분류되는 유형이 많아 타인과의 관계에서 적용하며 살아가기에는 무리가 있다.

이번에 소개할 유형은 에니어그램의 성격유형을 나누는 가장 기본적인 기준으로 알려져 있는 3개의 자아와 관련된 분류이다. 몸의 에너지가 어디를 중심으로 순환하는가에 따라 장중심, 가슴중심, 머리중심으로 나뉘고 각 중심은 다시 3개의 유형으로 나뉘어 9개의 기본 유형이 된다.

이 3가지 자아는 여러 분야의 학자들에 의해 다양하게 활용되고 있다. 왼손의 엄지와 검지를 동그랗게 붙여서 영어 0자를 만들고 오른손은 머리, 가슴, 배에 올려놓은 상태로 타인이 왼손의 엄지와 검지를 벌려보게 하는 방법, 즉 오링테스트라는 방법을 통해 체질을 감별해내기도 한다. 손가락의 힘이 세지는 부위가 자신의 성격을 대변한다고 말한다. 즉, 머리쪽에서 손가락의 힘이 세지면 그 사람의 에너지는 머리를 중심으로 순환한다고 해석한다.

공부시켜야 할 학생에 대해 지도하는 방법을 찾기도 하고 부모자녀관계에서 서로의 성격유형에 따라 대화기법을 제시하기도 한다. 조직관리 분야에서는 부하직원의 성향을 파악하여 지원이나 관리의 방법이 달라야 한다고 말한다. 자신의 성향을 파악하여 적합하게 스트레스 푸는 법을 찾으라고 알려주는 강좌도 있다.

에너지 순환으로 보는 세 가지 유형을 다양한 분야에서 활용하고 있지만 그 공통점을 정리하여 우리의 현장에 적용할 수 있도록 재구성해보았다.

(1) 머리중심의 이성형

에너지 순환의 중심이 머리인 사람이며 사고의 기능을 사용하여 세상을 바라보고 해석한다. 지식과 정보에 가치를 두며 아는 것이 힘이라고 생각한다. 정보를 수집하고 분류하고 계획을 세우는 것을 좋아하기 때문에 혼자 생각할 시간과 공간이 필요하다. 논리적인 근거나 자료를 인용하기 좋아하고, 따져보고 안 될 것 같으면 아예 시작하지 않고 안전을 추구하기 때문에 사람들과 잘 어울리지 못할 수도 있다.

색으로 따지면 파란색의 이미지를 갖는다. 아인슈타인이나 이황 같은 사람이 속하며 지혜로운 사람 유형으로 불린다. 목소리가 단조롭고 성격 역시 단순하며 냉정하다. 상사나 동료 간의 스킨십, 몸으로 힘을 써야 하는 일을 싫어한다. 공사 구분이 확실하며, 된다고 생각되는 일을 한다. 일에 있어서 냉철하고 효율적인 방식을 좋아하며 실행하기 전에 계획을 먼저 세운다.

스트레스를 받으면 '아이구, 머리야' '골치가 아프다' 고 말한다. 스트레스를 풀기 위해 정리정돈을 하거나 6하원칙에 따라 체계를 만든다. 머리가 아프면 잠으로 해결한다.

이러한 특성을 가진 사람과 함께 일할 때는 다음과 같은 점에 유의한다.

- 생각을 이해하고 격려한다.
- 보고서처럼 문서로 정리된 정보를 준다.
- 생각해볼 수 있는 시간을 주고 '선생님 생각은 어때요?' 등

의 질문으로 존중한다.

- 차근차근 설명하는 방식으로 업무지시를 해야 한다.
- 전체 교직원의 회식에서 1차까지만 참여하고 가도 좋다고 말해주면 좋아할 것이다.

(2) 심장중심의 감성형

가슴의 에너지를 통해 세상을 받아들이고 인식한다. 사람들에게 따뜻하고 부드러운 인상을 주며 미소를 잘 짓는다. 주 관심사는 자아이미지와 인간관계이며 타인에게 인정과 사랑을 갈구한다. 사람과 인맥이 최고라고 생각한다.

색으로 따지면 노란색의 이미지를 갖는다. 슈바이처, 반기문 같은 사람이 속하며 사랑스러운 사람유형으로 불린다. 목소리는 넓은 음역을 가지고 가슴에서 올라오는 느낌을 준다. 필Feel을 중요시 하기 때문에 일도 예측되는 결과나 양이 아니라 '분위기'에 따라 선택한다. 공사의 구분이 약할 수밖에 없다. 여럿이 노는 것을 좋아하고 다른 사람들이 자신의 속마음을 알아주지 않으면 스트레스를 받는다. 스트레스를 받으면 '아, 가슴이 답답해' '속상해서 눈물이 나' 라고 말한다. 스트레스는 주로 수다나 여럿이 노는 놀이로 해소한다.

애교 많은 교사가 이 유형에 속하며 이러한 특성을 가진 사람과 함께 일할 때는 다음과 같은 점에 유의한다.

- 직접적인 업무보다는 지연, 학연, 혈연과 같은 연관성으로 대화를 시작한다.
- 마음을 먼저 얻은 후에 업무지시를 한다.
- 어깨를 다독여 주는 스킨십이나 칭찬을 통해 격려한다. 교구제작과 같은 공동작업을 통해 살아가는 이야기를 나누는 시간을 갖는다.
- 교직원들과 회식모임이나 부서별 회의장소 등을 섭외하고 준비하는 역할을 준다.
- 신입교사의 경우 적합한 경력교사의 멘티mentee가 되게 해 주면 롤모델을 따르는 가운데 정서가 안정되어 잘 지내게 된다.

(3) 복부중심의 행동형

장(배)에서 나오는 에너지를 통해 세상을 보고 해석한다. 논리적으로 계획을 세워 살아가거나 정서적인 교감으로 일에서 행복을 느끼기보다는 먼저 몸으로 반응하고 본능적인 느낌으로 즉각 반응하는 행동파들이다. 힘과 정의에 대항하며 공격적이고 단도직입적이다. 외모에서 느껴지는 분위기 역시 강인하고 고집스러워 보이는 경우가 많다. 말보다 행동이 가치 있다고 말하면서 실천하고 노력해서 좋은 결과를 내는 쪽을 좋아한다. 머리 쓰고 복잡한 것을 싫어한다. 건강한 몸이 재산이며 마음먹은 일은 밀어붙여야 한다고 생각한다.

색으로 따지면 붉은색의 이미지를 갖는다. 나폴레옹이나 광개토대왕 같은 사람이 속하며 정의로운 사람 유형으로 불린다. 목소리가 크고 힘이 있으며 배에서 올라오는 것처럼 들린다. 얼굴에서도 힘이 느껴진다. 스트레스 받으면 '아, 복장 터져 죽겠네' '환장하겠어' 라고 말한다. 스트레스는 먹는 것, 과격한 운동으로 해결한다.

이러한 특성을 가진 사람과 함께 일할 때는 다음과 같은 점에 유의한다.

- 복잡한 일들로 두뇌활동을 많이 주면 쉽게 지치기 때문에 곧바로 결과가 나오는 일을 준다.
- 자기의 영역관리를 중요하게 생각하고 맡은 일에 대해 우직하게 밀어붙이며 해내는 특성을 살릴 수 있도록 일정한 공간의 청결관리 같은 일을 주는 것이 좋다.
- 작고 세밀한 일보다는 몸으로 하는 일이나 운동을 즐기므로 실외놀이기구 안전관리나 지도업무도 좋다.
- 몸을 쓰는 일을 맡기면 당사자도 스트레스를 받지 않고 해

소하는 시간이 된다.

- 의리를 중요하게 생각하기 때문에 사적인 대화에서 알게 된 비밀은 지켜준다.
- 힘들어 하는 것이 느껴지면 간식을 제공하거나 데리고 나가 함께 식사를 한다.
- 업무지시를 할 때는 문서보다는 직접 시범 같은 행동으로 보여주고 하게 한다.

▶ 나는 어떤 유형에 속하는 원장인가?

▶ 교직원들은 나를 어떤 유형으로 보고 있다고 생각하는가?

▶ 스트레스를 효과적으로 해결하고 있는가?

* 교사들과 함께 오링테스트를 해보면서 친목과 상호이해를 도모하는 시간을 가져본다.

▶ **세 가지 유형에 속하는 교직원들의 이름을 적고 상호작용의 방법을 계획해보자.**

- 머리중심의 이성형

- 심장중심의 감성형

- 복부중심의 행동형

모든 조직에는 다양한 성품과 특성을 가진 구성원들이 있는 것이 당연한 일이다. 저자의 경험에 비추어 보면 영유아교육현장에는 대다수의 교직원이 심장중심의 감성형에 속하는 것을 알 수 있었다. 어린 영유아를 교육하고 돌보는 일의 특성상 가슴이 따뜻한 사람들이 많은 것은 필연인지도 모른다. 이러한 측면을 참고하여 교직원의 관리 역시 영유아를 배려하듯 따뜻하고 다정한 태도로 해야 할 것이다.

기본적으로는 유사한 특성의 성격 유형에 속한다 해도 살아가는 방법은 모두가 다르다. 원장의 지시에 아무 생각 없이 순응만 하는 교사, 앞에서는 잘하지만 보이지 않는 곳에서는 거부하고 싶어 하는 교사, 늘 불만을 토로하며 혁명을 부르짖는 교사, 어떤 상황에도 애교와 재롱으로 생존하는 교사...... 모두 다른 얼굴과 개성을 가진 자들이 만나 조화를 이루게 하는 일은 바로 원장의 과업이다.

성공적인 리더는 다양한 측면에서 모든 상황을 보고 구성원들 가운데 지금 무슨 일이 일어나고 있는지를 직감한다. 거의 즉각적으로 사람들의 희망과 두려움, 관심 등을 알아채고 그 순간에 일어난 것들을 읽을 수 있는 능력이 있다. 영유아교육기관에서도 정기적으로 교직원 면담을 계획하여 현황을 파악하고 있어야 할 것이다.

제4장

교직원 관리

제4장
교직원 관리

1. 목표와 방침 알리기

교직원을 관리하고 상호작용하는 과정에서 최우선으로 선행되어야 하는 일은 기관을 이끌어 갈 원장의 철학과 경영관을 확고히 하는 것이다. 어떤 철학에 입각하여 끌어갈지 방향을 정한 후에, 그러한 철학을 실천할 수 있는 물리적 환경을 갖추고, 같은 철학을 가진 교직원을 선발하여 경영관을 통일한 다음 원아 모집에 들어가야 한다.

우리나라의 기관 설립은 국가나 재력가에 의해 건물이 먼저 지어지고 원아 모집과 동시에 원장과 교직원을 선발하여 각 교실의 수업을 교사에게 바로 맡기는 절차로 진행되는 경우가 가장 많다. 자신이 맡게 되는 기관의 여러 요인들과의 갈등으로 어려움을 겪는 원장들을 쉽게 만날 수 있는데, 원장이 되었다면 기관의 특성을 정리하여 받아들이고 앞으로 끌어갈 방침을 교직원에게 알려서 따르도록 해야 한다.

여러 가지 절차를 거쳐서 희망 인원을 선발하고 나면 기관의 경영에 필요한 각종 업무를 각각의 적성에 적합하게 배정하고 원활한 업무 수행을 위한 훈련과정이 필요하다. 훈련의 과정에서 가장 먼저 해야 할 일은 원장 자신을 이해시키는 일이다. 경영 방향, 원장 자신의 아동관, 적용될 프로그램의 유형과 전개방법, 학부모 상담의 태도 등을 알게 해준다. 함께 일할 인원이 정해지면 각각의 고용계약서를 작성한다. 고용계약서와 함께 기관 자체의 평가표나 취업규칙에 관한 내용도 숙지하도록 한다.

원의 방침은 문서로 만들어 두고 신입교사 교육에 사용하는 것이 좋으며 목표, 방침, 교사상, 일과 및 기본 생활 지침, 환경 구성 요령, 부모와의 관계, 안전수칙, 생활수칙 등이 포함되어 명시되는 것이 좋겠다(참고 : 김혜경, 『교직의 이해』).

2. 채용과 관리

사상 초유의 출산율 저하로 인해 영유아교육기관에 취원가능한 원아 수가 급감하고 있는 시점에서 경쟁력 있는 기관으로 생존하기 위한 여러 가지 전략이 필요하다. 기관 경영의 많은 영역 중에서 원장의 뛰어난 조직경영 능력은 다른 영역의 관리까지 동시에 가능하게 하는 시너지 효과를 낳는다. 보육교사 노조의 결성, 평가인증지표에 제시된 복무규정, 근로계약서 등의 인사관리 기준이 강화되면서 종사자와의 바람직한 관계 형성은 필수과제가 되고 있다. 경영의 영역에서 교직원의 인사관리 능력이 가장 중요하고 전문화되어야 한다.

1) 선발과정

원장으로서의 직책을 수행할 때 모든 교직원과 한 방향으로 일할 수 있는 분위기는 많은 업무를 수월하게 해준다. 원장이 원하는 교직원의 조건을 미리 설정해 보고 적정한 채용절차를 통하여 기관에서 필요한 사람을 선발한다.

교사 채용 시 고려하는 기준은 교사의 인성, 용모와 신체적 건강, 교사의 경력 등일 것이다. 유능한 교사의 조건으로는 교구의 제작과 효율적 이용, 주제 설정과 계획 능력, 아동의 반응을 수용하는 능력, 교사의 발문법 능력, 새로운 지식과 정보를 활용하는 능력 등이 해당된다.

운영의 경험이 많은 사람일수록 '인사가 만사' 라는 문구에 동의한다. 저자의 지인인 I원장은 독실한 크리스천임을 표방하고 살지만 교사를 선발할 때 반드시 원장 자신의 사주팔자와 合이 들어 있는지 알아보기 위해 철학관을 찾는 극단적인 선발법을 사용한다. 우리나라의 모기업에서 운영하는 어린이집 교직원 채용절차에는 MMPI라는 인성검사의 과정이 포함되어 있다. 교직원의 구성과 역할이 운영의 성패를 좌우한다고 말할 수 있을 만큼 교직원 채용은 신중하게 이루어져야 한다.

채용방법은 가능하면 공채의 과정을 거치는 것이 주어진 일에 자부심과 책임감을 갖게 하는 데 도움이 된다. 저자 주변의 사립유치원 원장들은 대학교수나 다른 유치원장의 추천, 해당 유치원에 실습 나왔던 경험자 채용, 규모가 큰 유치원에서 근무한 유경력자 채용의 방법을 통해 교사를 구하고 있었다. 영유아교육 관련 사이트의 구인 · 구직란을 통해 공채를 위한 조건내용(근무지 위치, 연봉, 근무 시작일, 근무 시간, 기타 기관에서 원하는 조건, 연락처, 서류 접수방법)을 게시한 후 조건이 맞는 교사를 선별해낼 수도 있다. 공채를 위한 조건의 내용은 긴 문장형의 광고보다는 항목별로 간략하게 정리하여 게시하는 것이 보기에 좋다. 서류를 통해 3배수 정도의 인원을 골라내어 면접을 통해 최종 선발한다. 출신학교나 전 직장을 통한 평판 조회도 일반적인 절차가 되어가고 있다.

2) 면접방법

지원된 서류를 검토하여 면접 가능자를 선별하고 인터뷰를 통하여 적임자를 선발한다. 면접 시에는 기관의 철학과 목표에 동의하는지 파악하고, 시간에 여유가 있다면 기관을 함께 둘러보면서 이야기를 나눠보는 방법도 사용해 본다.

원장 혼자만의 면접이 아니고 위원회가 구성되어 질문한 뒤 각자의 메모를 중심으로 토의하여 결정하는 방법도 있다. 많은 인원을 선발해야 할 경우에는 지원자들에게 동일한 질문을 던져보고 평가한다. 위원 중 1인을 책임자로 정하고 각각의 위원들은 질문의 영역을 선택할 수도 있다. 예를 들어, 한 사람은 이전의 경력과 이직하려는 동기를 질문할 수 있고 한 사람은 교육과정 운영에 관한 질문을 할 수 있다. 교사를 채용하기 위해 면접하고 선발하는 과정에서 다음과 같은 여러 가지 질문을 통해 능력과 인성을 평가해 볼 수 있다.

- 자기 소개
- 성장과정과 가족관계
- 학업 성적과 본인이 생각하는 적성 및 특기
- 영유아교사를 지원하는 동기와 포부
- 연령별 교실 구성 요령
- 특정 연령의 하루 일과와 준비물
- 신입교사와 주임교사의 역할
- 아동관
- 정규 근무 시간 외의 잔업에 대한 의견

위의 질문을 통해 온화하고 개방적인 성격, 유머감각, 창의성, 발문 형태나 음성 같은 언어적 능력, 직무 수행 능력을 위한 기능 습득 여부, 자신감, 의사소통 능력 같은 것을 파악해 낼 수 있다.

3) 결과 통지

지원자에 관한 평가와 선택이 결정되고 나면 고용 혹은 비고용의 결과를 통지해 준다. 선정된 지원자에게는 서류를 준비하여 제출해야 할 시기와 근무 시작 일을 정확하게 통보해 준다. 비고용 대상자에게도 기관에 대해 가급적 좋은 인상을 남겨주는 것이 좋겠다. 이메일이나 문자로 통보하는 방법이 무난하며 시간을 내주어서 감사했다는 인사를 잊지 않는다.

4) 역할분담

교직원을 위한 평가의 절차와 기준을 알리고 필요한 항목으로 평가표를 만들어 교직원들에게 각 항목에 대한 이해를 시킨 후에 진행한다. 평가의 내용에는 영유아 관리, 부모와의 관계, 조직 내에서의 인간관계, 분장된 업무의 수행 정도, 근무태도 같은 것들이 포함된다(참고 : 김혜경, 『교직의 이해』).

기관경영에 필요한 업무는 각각의 직책에서 반드시 수행해야 할 고유 업무와 교직원 조직이 협력하여야 해낼 수 있는 공동 업무로 나누어 볼 수 있다. 예를 들면, 담임교사의 고유 업무는 자신의 학급관리를 위한 모든 업무를 뜻한다. 수업 진행 및 준비, 교육일지 작성, 교실환경 구성 및 청결 관리, 관찰일지 및 일일보고서 관리, 학부모 상담 등 본인이 맡고 있는 학급의 원아, 부모, 물리적 환경관리가 해당된다. 교사 고유 업무에 대한 절차는 기본 요령과 진행 순서 표를 만들어 두고 새로운 인력을 위한 교육자료로 활용하면 좋다.

공동 업무란 기관의 청결을 유지하기 위한 공동 공간의 청소, 바깥 놀이터 놀잇감 관리, 현관의 환경구성을 위한 협조 업무 등 본인의 학급관리 외의 업무가 해당된다. 대부분 규모가 작으며 보조 인력이 여의치 않은 영유아교육기관에서는 교직원 모두가 함께 관리업무에 동참하고 협조하여야 하는 특성을 갖는다.

많은 수의 어린 영유아들과 성인들이 함께 생활해야 하는 영유아교육기관의 관리와 경영을 위하여 수행되어야 할 업무들은 기관이라는 특성과 가정과 같은 특성이 공존한다. 하루종일 많은 일들이 진행되며 각각의 역할에 소홀하면 다른 동료들에게 피해를 입히는 사례들이 발생한다. 즉, 자료실의 관리를 소홀히 하는 교사와 함께 생활하면 수업에 필요한 자료의 확보에 어려움이 있게 되며, 관찰일지를 해당 일에 작성하지 않는 교사와 함께 생활하는 동료교사는 같은 학급의 담임교사로서 공동의 책임을 떠맡게 된다.

사소한 부주의와 미숙한 일 처리로 불화가 생기지 않도록 해당 업무에 대한 훈련과 관리를 철저히 하는 것이 원장의 업무라고 본다. 업무를 분담시키고 관리를 하는 과정에서 원장의 태도는 조직의 풍토와 직무 만족도를 좌우한다. 교사들이 프로그램의 목적에 동의하고 교사 간의 응집력이 높으며 긍정적인 조직풍토를 갖는 기관에서는 원장이 교사를 격려하고 지지해 주는 경향을 갖는 것으로 보인다. 정책, 절차, 책임이 명확하게 정의되고 승진 및 포상의 기회가 공정하며 의사결정과정에서 교직원들의 자율성이 부여된다. 이러한 자율적 풍토는 유치원이나 어린이집에서 근무하는 교직원들의 자신에 대한 기대와 가치를 긍정적으로 이끌어 준다. 긍정적인 조직풍토를 가지고 있으며 교직원들에게 존경받는 원장의 능력 중 가장 중요한 것은 교직원 각자의 정서를 적절하게 관리하고 운영에 활용하는 것, 즉 '사려 깊은 추진력' 이라고 본다.

각자의 특성에 적합한 역할을 배정해 줄 때는 경력교사와 신입교사, 연장자와 연소자, 교사와 기타 교직원 간의 적절한 안배가 요구된다. 영유아교육기관은 원장－원감－주임교사－교사 등으로 이루어지는 계선조직이며 교육지도 조직과 원무, 연구, 생활 등 관리기능을 담당하는 사무조직도 구성된다. 업무를 분장할 때는 교사의 연령, 학력, 경력, 사무능력, 인간관계 등을 고려하여 적절하게 분담하되 한계를 분명히 해준다. 기획력과 리더십이 요구되는 업무는 경력교사에게 배정하는 것이 좋으며 상조회와 같이 좀더 인간적인 유대와 권위가 필요한 업무는 연장자에게 배정한다. 파트타임 도우미 같은 직종의 직원에게도 인간적인 배려를 통해 소외감을 느끼지 않도록 관심을 갖는다. 교직원 회의와 같은 기회를 통해 업무능력을 칭찬하고 포상하는 것도 방법이 될 수 있다.

소규모의 시설에서는 각 개인에게 할당되는 공동 업무와 청결관리 공간의 범위가 많아지기 때문에 영유아들과의 일과 진행 외의 교사의 공동 업무를 효율적으로 관리할 수 있는 시간 안배의 능력이 요구된다. 교사의 가장 중요한 업무는 수업과 관련된 일과를 진행시키는 일이지만 영유아들이 오랜 시간 동안 생활하는 공간의 청결관리도 중요하다.

원장은 각 담당자가 업무계획을 잘 세워서 보다 수월하게 진행시킬 수 있도록 어느 시간대에, 누가, 어디에서, 어떤 절차로 진행시키는지 업무계획의 단계를 검토해 줄 필요가 있다. 업무 책임자의 수행능력을 정확하게 파악하고 적합한 여건을 마련해 주는 것이야말로 원장에게 반드시 필요한 능력이라고 할 수 있다. 운영관리의 역할을 수행하는 원장은 감독자의 이미지보다는 교직원들의 능력을 신장시켜 주고 보호해 주면서 업무를 수행하는 과정에 커다란 맥들을 짚어줄 수 있는 보호막 같은 존재가 되어야 한다고 본다. 끊임없이 자신의 리더십과 능력을 점검하여, 믿고 따르는 교직원들에게 좋은 영향력을 미칠 수 있도록 자기 수양에 모든 노력을 기울여야 할 것이다.

유대를 돈독하게 하기 위해서 함께 MT를 가거나 회식시간을 가져도 좋으며, 별도의 시간이 어렵다면 기관의 행사 시 복장을 통일하여 입는 아이디어 등으로 활기찬 분위기를 내볼 수도 있다.

5) 직급별 교직원 관리

원장은 업무 분장으로 기관의 여러 업무가 효율적으로 이루어지도록 관리하고 각 교직원들의 근무 연수나 경력에 따라 별도의 관리 방향을 가질 필요가 있는데 특히 교사들의 직급별 명단을 만들고 지원 계획을 수립하여 지도한다. 너무 많은 과업으로 교사를 소진시키는 기관도 문제이지만 오랫동안 근무하고도 발전이 없는 직장이나 너무 편하기만 한 직장의 분위기도 이직의 원인을 제공할 수 있다.

교사의 발달단계는 일반적으로 생존기, 강화기, 갱신기, 성숙기로 구분해 볼 수 있으며 다음과 같은 지원 계획을 세워 볼 수 있다. 모든 교직원들이 각 단계에서 적절한 능력을 발휘해 줄 때 조직의 분위기는 활기차게 변화된다.

(1) 생존기(1~3년차)

- 간신히 하루를 보내는 시기로 이해하기
- 학급 통계, 수업 계획 봐주고 격려하기
- 담당 학급 연령의 발달 특성 이해하기
- 기관의 자료 관리실 실태 파악하기
- 부모와의 만남에 자신감 주기
- 용모 및 화술 살펴주기
- 의논 상대인 경력교사와 사이좋게 지내기

(2) 강화기(3~6년차)

- 안정감 및 자신감을 갖는 시기로 이해하기
- 교사 자질에 확신을 갖게 도와주기
- 생존기의 습득 기능을 강화하기
- 장점을 살려 주기
- 유능감 및 무능감 사례 분류해 보기
- 새로운 교수방법에 대한 시도 격려
- 같은 단계의 교사와 감정 교류하기
- 정상아동과 다른 개별적 문제에 대한 이해 돕기

(3) 갱신기(6년차 이후)

- 새로운 것을 시도하며 외부 자극 접촉의 필요 시기로 이해하기
- 똑같은 일에 싫증을 느낄 때 갱신방법을 찾도록 돕기
- 교사 연수 보내기
- 선진 시설 견학하기
- 다른 유형의 프로그램을 운영하는 곳 견학하기
- 정보센터 등의 교육에 자발적으로 참여하기
- 전시회 관람 같은 재충전의 기회 즐기기
- 수업장면을 영상으로 찍어서 함께 분석해 보기

- 전문적인 모임에 적극적으로 참가하기
- 매너리즘에 빠지지 않도록 갱신방법 찾기

(4) 성숙기(9년차 이후)

- 완전한 자신감으로 자신의 철학 정리 시기로 이해하기
- 유능한 교사로 인정하기
- 이타주의로 후배교사 지도 역할 배정하기
- 시범수업으로 실력 보이기
- 영유아의 학습과 성장의 특성을 개별적으로 이해하기
- 자신의 직업을 전문직으로 인정하기
- 다른 교사와 다양하게 교류하며 원장 지원하기
- 계속 근무 여부 판단하기

6) 인사 관리 평가

교직원을 관리하고 있는 원장 자신을 돌아보기 위하여 다음의 내용으로 자신을 평가해 볼 수 있다.

- 출근 시 밝고 존경어린 인사를 받는지
- 교직원 상호 간에 친절하고 부드러운 인사가 오가는지
- 아프거나 사정이 있는 교사를 대체할 인력 확보 절차가 있는지
- 갈등을 겪고 있는 교직원들의 관계를 알고 중재를 시도하는지
- 교사 회의 중에 논의된 내용들이 기록된 회의록이 있고 결재를 하는지
- 각 학급 교사들의 업무 수행상의 애로사항을 파악하고 있는지
- 원장의 지휘나 명령에 저항하는 교직원을 위한 관리 전략을 세우고 있는지
- 교직원을 질책한 후의 사후 관리는 하고 있는지
- 조직적인 지휘체계를 세우고 책임을 위임하는 부분이 있는지
- 교직원들이 즐겁게 일하는 풍토를 만들어 주기 위해 노력하는지
- 교직원들의 발전을 위해 연수에 대한 정보를 제공하고 비용 부담을 기꺼이 해주는지
- 교직원들에게 일정한 절차를 통해 기관의 경영 철학이나 프로그램에 대해 교육을 하고 있는지
- 교직원과의 격의 없는 모임이 계획되어 있는지
- 교직원들의 인사기록 카드, 주소록, 비상연락망 등의 자료들을 보유하고 있는지

제5장

리더십 이론과 인물 탐구

제5장

리더십 이론과 인물 탐구

우리나라 유아교육현장의 원장들을 위한 리더십 이론이 최근 여러 논문들에서 다루어지기 시작했다. 전문적인 교육활동에 강조점을 두던 종래의 역할만이 아닌, 경영에 필요한 다방면의 능력을 갖추고자 노력하는 원장들에게 도움이 되는 연구들이기 때문에 반가운 현상으로 보고 있다. 리더십과 관련하여 수많은 이론과 유형이 있지만 유아교육기관의 원장의 입장에서 참고하면 좋겠다 판단되는 몇 가지를 소개하고 논해 보았다.

1. 리더십 이론

1) 거래적 리더십과 변혁적 리더십

거래적 리더십 이론transactional leadership theory은 '교환(교류)적 리더십 이론'이라고도 한다. 지도자와 부하들 간에 각기 필요로 하는 것의 거래(교환)를 통해 효과적인 리더십을 도출해낼 수 있다는 이론이다. 즉, 지도자leader는 조직의 목표를 달성하기 위해 부하들로부터 노력을 얻어내는 대가로 그들에게 보상이나 지식·아이디어 등을 제공하여 부하들의 욕구를 충족시켜 주는 거래관계로 파악하는 리더십 이론이다. 부하들이 해야 할 일을 명확하게 하고 그 보상 역시 확실하다. 당근과 채찍을 잘 쓰는 리더의 능력이 요구된다. 더 쉽게 설명하면 공부를 열심히 하는 아이에게 엄마가 인형을 사주는 보상행위도 거래적 리더십 행동의 사례로 볼 수 있다.

변혁적 리더십 이론transformational leadership theory은 '변환적(전환적) 리더십 이론'이라고도 한다. 지도자가 부하들에게 기대되는 비전vision을 제시하고 그 비전 달성을 위해 함께 힘쓸 것을 호소하여 부하들의 가치관과 태도의 변화를 통해 성과를 이끌어내려는 지도력에 관한 이론이다. 비전공유를 통해 몰입도를 높이는 리더십이다.

변혁적 리더십 이론은 종래의 모든 리더십 이론을 거래적 리더십 이론이라고 비판하면서 등장한 이론이다. 변혁적 리더십 이론은 리더가 부하들에게 장기적 비전을 제시하고 그 비전을 향해 매진하도록 부하들로 하여금 자신의 정서 · 가치관 · 행동규범 등을 바꾸어 목표달성을 위한 성취의지와 자신감을 고취시키는 과정으로 보는 입장이다. 카리스마를 가진 리더가 영감을 불어넣고 지적인 자극을 주며 개인적인 배려를 아끼지 않는다. 변혁적 리더십 이론은 번스T. Burns에 의해 1978년 처음 제기되었으며, 바스B. M. Bass에 의해 정립된 새로운 리더십 이론이다. 번스는 변혁적 리더십을 '리더와 부하가 상호간 더 높은 도덕적 및 동기적 수준을 갖도록 만드는 과정' 이라고 정의하고 있다. 자유 · 정의 · 평등 · 평화 · 박애 등과 같은 고차원적인 이상理想과 도덕적 가치에 호소함으로써 부하들로 하여금 스스로 의식을 변혁시키고 조직의 목표를 향해 매진케 한다는 것이다. 그 후 바스B. M. Bass는 이상과 같은 번스의 이론과 카리스마적 리더십 이론을 종합하여 1985년에 새로운 변혁적 리더십 이론을 정립하여 내어놓았다. 바스에 따르면 부하들로 하여금 개인적 이해관계를 넘어 기대 이상의 성과를 올리도록 높은 수준의 욕구를 충족시키며, 업무성과의 중요성 및 가치를 인식케 함으로써 부하를 동기부여시키는 영향력 행사가 리더십이라는 것이다.

2) 컬러 리더십

최근에는 컬러 리더십이 관심을 끌고 있다. 리더의 특성에 따라 독자적인 색상의 특성을 보인다는 관점에서 리더의 유형을 분류하고 있다. 즉, 리더십을 빨주노초파남보 무지개색 유형으로 표현한 이론이다. 신완선 교수의 저서 『컬러 리더십』을 근간으로 각 유형을 정리해보면 다음과 같다.

색 상	리더십 유형	경영 핵심	키워드	대표인물
빨강	가슴으로 경영하는 서번트 리더	• 복잡한 갈등이나 대립해소 • 나보다 우리	사랑	월마트의 샘 월튼, 유한킴벌리의 문국현
주황	튀는 아이디어로 경영하는 브랜드 리더	차별화된 경쟁력	창의	마이크로소프트의 빌게이츠, 소니의 노부유끼
노랑	함께 미래를 위해 염려하고 공유하는 사이드 리더	의견수렴을 통한 공감대	예방	모토로라의 로버트 갤빈
초록	추진력으로 도전하는 파워 리더	즉각적인 결과 도출	성실	맥도널드의 래리 크락, 현대의 정주영
파랑	지식으로 선도하는 슈퍼 리더	지식으로 승부하고 권한이임을 통한 명확한 책임	지식	시그널의 래리 보시디, 삼성의 이병철

남색	장기적인 비전으로 이끄는 비전 리더	새로운 비전과 방향 설정	비전	GE의 잭 웰치, 스타벅스의 하워드 슐츠
보라	약점을 강점으로 바꾸는 변혁적 리더	업무능력 개선을 통한 경쟁력 제고	용기	인텔의 앤디 글로브, 소프트뱅크의 손정의

빨간색 리더는 신뢰와 믿음, 따뜻한 마음과 인간에 대한 깊은 애정을 바탕으로 구성원을 섬기는 '서번트 리더십' 이다. 주황색은 독창적인 아이디어와 창의력으로 승부하고 확실한 이미지를 굳히는 '브랜드 리더십' 이다. 노란색은 불확실한 미래에 전략적으로 준비하고 대응하며 구성원과 동고동락하는 노심초사형의 '사이드 리더십' 이다. 초록색은 말보다는 강력한 행동을, 그리고 멈추지 않고 전진하며 성장과 발전을 요구하는 '파워 리더십' 이다. 파란색은 풍부한 지식을 활용해 경영하는 박식한 리더와 구성원들이 기본 역량을 갖추고 셀프리더가 되라고 강조하는 '슈퍼 리더십' 이다. 남색은 강력한 비전을 제시하고 구성원을 끌고 가는 '카리스마 리더십' 이다. 보라색은 주어진 환경에 순응하지 않고 변혁하고 도전하는 '변혁적 리더십' 이다.

한 사람의 리더가 모든 것을 다하던 시대는 갔고 서로가 리더가 되고 그 리더들이 한 팀이 되어 자신이 잘하는 분야들을 서로 담당하는 조직을 이루는 것이다. 모두 다 잘해도 좋겠지만 현실적으로 그것은 불가능하며 어느 누구나 한 가지 색깔의 지도력을 잘 갖추면 훌륭한 리더가 될 수 있다는 이야기이다. 그리고 진정한 리더는 각 팀원들의 특성과 장점을 잘 파악하여 그 사람이 가진 색을 발휘할 수 있도록 도와주는 사람이다.

내 자신의 리더십 컬러는 무엇이고 현재 이끌고 있는 기관에서는 어떤 리더십을 요구하고 있는 지 분석해 보아야 한다. 함께하고 있는 교직원들의 특성도 파악하고 있다면 다양한 방향에서의 리더십 발휘가 가능할 것으로 보인다.

위의 컬러 리더십과 별도로 이소희는 FUN경영의 이론을 설명하기 위해 사고방향을 상징하는 여러 가지 상징적인 색깔모자를 통해 일곱 가지 색상을 제시하고 있다(2008년 CTS영유아문화원 교육강좌). 이러한 모자를 쓰고 생각을 도출해내는 과정에서 창의성이 촉진될 수 있다고 설명한다.

- 빨강 모자 : 약점 – 위험, 조심
- 주황 모자 : 정서 – 감정, 기분
- 노랑 모자 : 강점 – 장점, 칭찬
- 초록 모자 : 대안 – 새로운 아이디어, 가능성
- 파랑 모자 : 정보 – 소식, 숫자

• 남색 모자 : 종합 – 요약, 정리

• 보라 모자 : 상상 – 자유로운 상상

3) 4RL 이론4Roles of Leadership

최근 유아교육분야의 학위논문에서 다루어지고 있는 리더십 이론 중 가장 빈번하게 접할 수 있는 리더십은 4RL리더십이다. 여러 논문들이 네 가지 요인을 가지고 다양한 대상의 리더십에 대해 조사하고 있는데 참고자료들을 거슬러 올라가 보면 이소희의 연구(2004)로부터 인용에 인용을 거듭하는 것 같다. 목표를 효과적으로 달성하고 발전시켜 나가기 위해 교직원들의 자발적 참여를 인도하고 조정하는 행동을 리더십으로 보고 하위요인을 네 가지로 설정하였다. 성공하는 리더의 네 가지 역할을 중심으로 척도를 개발하여 리더십 이론을 제시한다. 네 가지 하위요인은 방향설정 리더십, 한 방향 정렬 리더십, 임파워링 리더십, 모델링 리더십이다.

(1) 방향설정pathfinding

구성원 모두가 하나의 큰 목표를 설정하고 공통의 가치와 전략을 갖도록 하는 것이다. 원장은 현재 우리 원의 현실, 교사와 부모의 요구사항, 모두가 함께 추구하는 영유아보육의 방향 등을 파악하여 방향을 설정하고 목표를 달성하기 위해 어떻게 추진할 것인가에 대한 청사진을 설계해야 한다.

(2) 한 방향 정렬 aligning

설정한 목표를 향해 모든 교직원이 어떻게 움직일 것인가, 목표를 달성하기 위한 조직의 구성이나 업무 분장을 어떻게 할 것인가, 공동의 가치 추구를 위해 어떤 방법으로 마음을 모을 것인가 등의 업무환경을 잘 조성하는 것을 말한다. 앞의 자기 경영에서 다루었던 방침 알리기 등의 전략이 필요하다. 공정하고 합리적인 업무분장에도 성패가 달려있다. 공동의 목표를 위해 각자 나눠 갖는 업무는 경력, 연령, 우리 기관에 취업한 순서, 학력, 장점과 단점을 반영하여 모두가 동의할 수 있도록 분장되어야 한다.

(3) 임파워링 empowering

임파워링이란 교직원이 가지고 있는 역량을 최대한 발휘하게 해주는 것을 말한다. 임파워링을 시키는 행위를 임파워먼트라고 하며 궁극적인 목표는 지속적인 개선을 통해 업무의 효과를 증진시키는 것이다. 원장은 교직원들이 자신의 능력에 대한 자신감과 신념을 가질 수 있도록 적절한 방향을 찾아 수행하도록 도와야 한다. 또한 자신이 담당하고 있는 일에 대해 어느 정도의 의사결정권을 갖도록 함으로써 자신감과 업무의욕, 성취감을 줘야 한다. 교직원 각자가 신뢰와 원활한 의사소통으로 좋은 결과를 내도록 하기 위해서는 한 방향으로의 정렬이 선행되어야 한다.

(4) 모델링 modeling

원장 자신이 업무에 대해 자신감을 가져야 하며 신뢰를 주는 인격일 때 교직원들은 원장을 존경하고 롤모델로 삼게 된다. 원장과 교직원 간의 신뢰는 가장 기본적으로 구축되어야 한다. 실력과 성품에 대한 신뢰는 공동의 목표와 가치가 설정되고 한 방향을 바라보며 집중하는 조직에서만 얻어 낼 수 있는 것이다. 목표, 방향, 구조, 과정 등이 한 방향으로 정렬되어 집중하는 조직은 서로에게 좋은 영향을 주며 발전해간다.

4) X-Y 이론

Douglas McGregor의 X-Y 이론은 고용인의 행동을 두 유형으로 나누어서 설명하고 있다.

X유형에서 고용인에 대한 생각은 기본적으로 일을 좋아하지 않고 야망이나 책임감이 없으며 끊임없이 감독이 필요한 존재로

본다. X이론은 조직 관리에서 가장 오랫동안 자리를 잡아왔던 인간관으로 돈만 알고 일은 싫어하는 오합지졸 가설rabble hypothesis을 근간으로 한다(양창삼, 2003). 이러한 사고방식의 경영에서는 당근과 채찍으로 인센티브 같은 제도를 통해 구슬리고 때로는 엄한 채찍으로 다스릴 필요가 있다고 생각한다. 일을 싫어하고 피하기 때문에 동기가 되는 요인으로 공포, 억압, 처벌 같은 것을 제안한다. 권위적이고 독재적인 경영자는 X이론을 인간관으로 가지고 있다.

Y유형에서 보는 인간은 놀거나 쉬는 것처럼 자연스럽게 일을 찾는다. 목표가 지시되면 오리엔테이션 후에 최소한의 감독이 필요하며 고용인은 이미 책임감을 받아들였고 상상력과 진취력, 영리함을 보여줄 것으로 믿는다. 인간에 대한 보다 긍정적인 방식이 필요하고 이에 바탕을 둔 경영을 하지 않으면 안 된다는 것이 Y이론의 요지이다. 경영에서 인간관계, 상담, 민주적 리더십, 제안제도 같은 것은 Y이론에 입각한 인간관의 변화에서 나온 것으로 볼 수 있다. 우리나라의 대표기업인 삼성, 엘지, 현대 등 여러 기업에 이미 듣는 회의가 도입되어 있다(양창삼, 2003). 주제가 없이 평소 각자의 생각과 의견을 내고 경영자에게 건의하는 자리라고 한다. 상급자가 지시하고 하급자는 고개를 숙인 채 하달내용만 받아 적는 회의가 아니고 격의 없이 진행되는 회의과

정을 통해 의사소통을 빠르게 하고, 업무의욕을 향상시키는 것을 보면 우리나라의 기업경영이 Y이론에 입각한 모드를 도입하려는 시도로 변화되어 있음을 보여준다.

두 가지 이론은 앞에서 살펴본 거래적 리더십과 변혁적 리더십의 분류와 유사한 특성을 갖는다.

대부분의 원장들은 두 이론 중 하나를 강요하지 않지만 어떤 이론에 더 동조하느냐에 따라 교직원과의 관계가 정해진다. 경영이론들의 현대적 접근은 모든 사람을 포함하는 참여의 중요성을 강조하는 것 같다. 기관에서 함께 일하고 있는 각각의 사람들이 잠재력을 발휘할 수 있도록 도와주고, 그들이 조직의 일원이며 조직의 성공에 자신이 기여하였다고 느낄 수 있어야 함을 강조한다. 교직원들이 원장의 결정을 이해하고 도울 때에는 서로 공유하는 정보의 중요성을 강조한다. 교직원이 원장의 결정을 이해하고 도울 때 서로에게 동기가 부여되며 힘을 얻는다. 내가 경영하는 기관의 회의형태를 되돌아보고 시대의 변화에 맞게 의사소통 하며 경영하는 방식을 응용해 볼 것을 권한다.

2. 인물 탐구

종사자들에게 존경받는 원장이 되기 위한 노력의 일환으로 몇 가지 사례에서 보여주는 리더십들을 통해 자신을 돌아보기 바란다. 인상 깊었던 동 · 서양의 각 사례를 소개하면서 영유아교육기관에 적용이 가능한 부분들을 정리해 보았다.

1) 세종대왕

동 · 서양의 위인 중에서 가장 먼저 우리나라의 세종대왕에 대해 살펴보기로 한다. 세종대왕은 우리나라 어린이부터 성인까지 방대한 존경을 받고 있으며 책이나 영화뿐만 아니라 드라마의 소재로도 다루어지는 인물이다. 한글 창제라는 위대한 과업 외에도 리더십의 측면이 부각되고 있다. 최근 15세기 조선의 기적을 이룬 세종대왕의 리더십을 현대 경영에 접목시킨 박현모 교수의 『세종처럼』이라는 책에서는 소통과 헌신의 리더십을 다루고 있다. 실록에 나타난 세종의 모습을 '신하들과의 소통, 백성에 대한 헌신, 국가의 최고경영자로서의 리더십' 등 3가지 관점에서 분석하면서 21세기 지식창조경쟁사회에 요청되는 리더십의 표본으로 세종대왕의 리더십을 분석해 놓았다. 어록으로 보는 세종 리더십 10계명에서 우리가 응용할 수 있는 부분들이 있다.

제1계명 밥은 백성의 하늘이다

제2계명 왕을 추대한 백성들에게 헌신하라

제3계명 인재를 기르고 선발하고 맡겨라

제4계명 싱크탱크를 활용하고 회의를 잘 하라

제5계명 억울한 재판이 없게 하라

제6계명 외교로 전쟁을 막고 문명국가를 건설하라

제7계명 영토는 한 치도 양보할 수 없다

제8계명 합리적으로 사고하고 온 힘을 기울여 실천하라

제9계명 자기 관리를 철저히 하라

제10계명 사회적 약자를 우선적으로 배려하라

특히 신하들과의 열린 대화와 토론으로 정책을 결정하고 집행하는 모습에서 열정의 리더로서의 소통을 이야기하고, 훈민정음 창제의 동기를 백성의 관점에서 보며 세종식 정치의 핵심을 '마음경영(감동경영)'이라고 명명한다. 모두가 반대하더라도 끝까지 설득하고 이끌어서 추진하는 리더십도 포함되어 있다.

단 한 명의 백성도 섬겼던 세종의 리더십을 거울삼아 원아와 교직원 모두를 이해하고 존중하는 마음가짐, 열정과 소통을 위한 노력, 자기관리 등을 눈여겨 볼 필요가 있다. 천민과 양반에 관계없이 여든이 넘은 노인을 위해 공경하는 잔치를 했던 기록은 현대 고령화사회 속의 기관에서 지역사회와의 연계활동으로 참고할 만하다. 노비들에게도 100일간의 출산휴가를 주고 그 남편에게도 산간휴가를 줬다는 기록에서는 이 시대보다도 영유아 보육에 관한 사고가 앞서 있었음을 볼 수 있다.

2) 은나라 탕왕湯王

은나라를 세운 것으로 알려진 탕왕에 관한 것으로 공자가어孔子家語의 육본편六本篇에 이런 말이 나온다. "좋은 약은 입에 쓰지만 병에 이롭고, 충언은 귀에 거슬리지만 행실에 이롭다. 은나라 탕왕은 간언하는 충성스런 신하가 있었기 때문에 번창하였고, 하나라 걸왕과 은나라의 주왕은 아첨하는 신하들만 있었기 때문에 멸망했다. 임금이 잘못하면 신하가, 아버지가 잘못하면 아들이, 형이 잘못하면 동생이, 자신이 잘못하면 친구가 간언해야 한다. 그렇게 하면 나라가 위태롭거나 멸망하는 일이 없으며, 집안에 덕을 거스르는 악행이 없으며, 친구 간의 사귐도 끊임이 없을 것이다." 좋은 충고는 귀에 거슬리지만 행함에 있어 이롭다는 뜻(양약고어구良藥苦於口)으로 쓰인다.

탕왕은 7년이나 계속 되는 가뭄을 겪으면서 자신을 자책하였다. 흔히 자책의 六事라고 불리는 내용을 살펴보면 나는 올바른 정치를 해왔는가, 사람들에게 충분한 일자리를 마련해 주었는

가, 내가 너무 호화롭게 살지 않았는가, 후궁들과 자녀들이 너무 설치고 있는 것이 아닌가, 뇌물 등 부정과 부패가 횡행하고 있지는 않은가, 간악한 자들의 고자질을 믿고 그릇된 인사를 해온 것이 아닌가 등의 내용으로 자책하는 리더십을 보여준다. 리더가 자책할 줄 모르면 스스로 교만해져서 일을 그르칠 수 있다. 탕왕의 자책처럼, 원장은 지역사회의 문화에 비해 너무 호화로운 용모로 다니지는 않는지, 편애하는 교사가 분위기를 망치는 건 아닌지, 학부모의 선물이나 촌지가 문제되지는 않는지 자신의 기관을 돌아보기 바란다.

3) 손자孫子

13편으로 되어있는 손자병법은 손무孫武가 작성한 병법서이다. 대부분 여성인 원장들에게는 낯설지 모르겠으나 우리나라의 서점에는 『손자병법』과 손자병법을 해석하거나 응용한 도서가 셀 수 없이 많다. 〈각시투구꽃의 비밀〉이라는 영화에서 조선명탐정으로 출연한 배우 김명민이 손자병법을 읊어가며 관객을 웃게 할 만큼 남성 직장인들에게는 친숙한 인물이다. 경쟁력 있는 원 경영을 하고 싶은 의욕 혹은 직장에서 살아남기 위한 노력을 '전쟁'으로 비유해 본다면 우리에게도 읽힐 수 있는 책이기 때문에 요약해 보았다.

책의 13편은 전쟁을 하기 전 사전 판단 재료, 비교 · 검토의 필요성에 대하여 말하고 있는 계計, 전쟁은 속전속결을 근본으로 삼는다는 주제를 다루고 있는 작전作戰, 싸우지 않고 이기는 것이 제일이라고 말하는 모공謀攻, 싸우기 전 불패의 태세를 갖추라는 것이 주제인 군형軍形, 유리한 태세를 먼저 갖추어야 된다라고 말하는 병세兵勢, 전쟁을 유리하게 이끌기 위해선 속임수가 필요하다라는게 주제인 허실虛實, 기선을 제압하라고 말하는 군쟁軍爭, 변화되는 상황에 영민하게 대응하라는 것이 주제인 구변九變, 적과 내가 움직이는 법을 말하는 행군行軍, 움직이되 갈팡질팡 하지 않고 거사를 하되 어려운 입장에 서지 않는다는 지형地形, 작전의 변화에 관해 말하는 구지九地, 불을 이용하는 방법인 화공火攻, 첩자에 관한 용간用間으로 구성되어 있다.

손자병법을 경영학적으로 해석한 도날드 클라우스의 이론에 의하면 리더십의 요체는 자기규율, 목표지향성, 성취욕, 책임, 지식, 조직력, 솔선수범 등이다. 우리나라 직장인들이 많이 읽고 있어서 스테디셀러 도서인 『손자병법』을 읽어보는 것도 도움이 될 것이다. 기관경영을 오래 하다 보면 타성에 젖게 되고 교사들의 아부성 발언이나 행동에 익숙해져서 판단력이 흐려지는 경우, 교직원에게 모든 것을 다 맡기고 나태하게 살고 있는 경우 손자병법 속의 리더십을 통해 자신을 되돌아보자.

4) 윈스턴 처칠 Winston Leonard Spencer Churchill

영국 역사상 최연소 장관으로 제2차 세계대전을 승리로 이끈 처칠은 리더십의 원천을 네 가지로 보여주었다. 있는 그대로 솔직하게 말하기, 결단을 주저하지 않고 책임은 전적으로 자신이 지기, 멀리 되돌아볼수록 멀리 내다볼 수 있다는 역사적 상상력, 전체를 파악하면서도 세부사항 챙기기 등이다. 사납고 고집스런 불독에 비유되기도 하는 그는 불굴의 용기와 리더십으로 영국민들을 하나로 결집시키는 역할을 해냈다.

처칠은 학교에서 말썽꾸러기 낙제생이었다. 생활기록부에 따르면 '품행이 나쁜 믿을 수 없는 학생으로, 의욕과 야심이 없고 다른 학생들과 자주 다투며, 상습적으로 지각하고 물건을 제대로 챙기지 못하며 야무지지 못하다'고 평가받는 사람이었다. 성적도 하위권이었지만 역사 과목만은 뛰어났다. 저명 정치인의 이름을 따서 학교 이름을 짓는 전통이 거의 없는 영국임에도 오늘날 처칠의 이름을 딴 초등학교만 10개가 넘는다는 사실은, 적어도 처칠의 학창 시절만 놓고 보면 아이러니컬하다. 하지만 그의 예견들이 맞아 떨어지면서 중요 관직을 거쳐 영국의 자랑이 되었다.

현재 출산율의 저조는 앞으로 급격하게 원아 수가 줄어들 것을 예견해 준다. 앞을 내다보고 몇 년 후 원아 모집이나 구조 조정에 필요한 준비도 차질 없이 해야 할 것이다. 처칠은 권한을 위임하면서도 작은 일에 소홀히 하지 않는다는 모순을 실행에 옮긴 사람이었다. 여러 분야의 일을 조직하고 책임져야 하는 원장들에게도 꼭 필요한 리더십의 유형으로 판단된다. 나이가 든 후 자신을 괴롭히던 우울증을, 그림을 그리고 글을 쓰면서 극복했다는 기록들을 보면서, 자신의 스트레스를 날려 줄 취미를 발굴하여 몰두하는 일을 시작해볼 것을 권한다.

5) 스티븐 스필버그 Steven Spielberg

영화감독 스필버그가 짧은 기간에 억만장자가 될 수 있었던 비결은 탁월한 감독능력, 모험을 감수하는 두둑한 배짱, 냉철한 비용수익 분석력과 과감한 비용 감축 노력, 신중한 자산관리, 사업 확장력 등이다. 많은 수의 영유아교육기관이 열악한 예산을 핑계로 소극적인 운영을 하고 있는 우리나라에서 이러한 리더십의 유형도 눈여겨볼 필요가 있다. 인간의 자신감은 자신의 분야에 대한 지식에서도 생긴다. 영유아교육, 경영에 대한 공부를 열심히 해야 하는 이유이다.

6) 빌 게이츠Bill Gates

세계 최대 갑부이면서 최대 자선 단체를 가지고 노블레스 오블리주noblesse oblige(사회 고위층 인사에게 요구되는 높은 수준의 도덕적 의무)를 실천하여 이 시대 진정한 성공인으로 간주되는 빌게이츠. 우리나라를 포함한 전 세계 차세대들이 그의 일대기에 관심이 많다. 기술 분야의 천재라기보다는 미래에 대한 판단으로 탁월한 판단을 한다는 점을 성공요인으로 보는데 그 판단의 요점은 적합한 인재를 영입한다는 사실이다. 또한 주변까지 전염시키는 열정과 끝없는 학습력도 가르침을 준다.

마이크로소프트사 빌게이츠의 리더십에서는 정확한 예견과 비전에 대한 자신감, 우수 인력 중심의 조직 경영, 자유로운 조직 분위기와 업적 중심주의, 자율적인 팀 경영, 학습 조직의 유지 등을 본받아 적용해 볼 수 있다. 영유아교육기관에서도 연령별, 혹은 부서별로 그룹을 나누고 서로의 피드백을 통해 끊임없이 배우고 이러한 그룹들이 자율적인 팀 경영을 통해 그들의 능력을 충분히 발휘할 수 있도록 도와주는 일이 필요하다. 부서별 회식이나 회의를 위한 예산을 편성하여 팀별 과제를 수행하게 하는 전략도 세워 볼 수 있다.

빌 게이츠와 관련된 서적들에서는 가족 사이의 정을 나눌 수 있도록 저녁식사는 반드시 함께 하기, 독서를 통해 아이의 왕성한 호기심 키우기, 아이의 의사 존중해주기, 어릴 적부터 부지런함과 검소함이 몸에 배게 하기 등 게이츠 '표' 자녀교육의 원칙도 소개되어 있어서 부모교육에 활용 할 수 있다.

7) 스티브 잡스 Steve Jobs

우리나라 청소년들이 그의 사망을 접하고 패닉상태라고 말할 만큼 많은 영향을 미쳤던 스티브 잡스에 대해서도 살펴본다. 안철수는 그를 애도하는 글에서 에디슨이 죽은 지 80년이 되었어도 우리 모두 그를 기억하듯이, 100년 후 사람들도 잡스를 기억할 것이라고 말한다(스티브 잡스 공식 자서전 추천평). 타고난 천재성이 아니라 끊임없이 혁신을 향해 나아가는 도전 정신을 높이 샀으며 아무도 쉽게 따라갈 수 없었던 그의 진정한 재능은, 자신의 일을 사랑하고 그것에 고도로 집중하는 열정이라고 말했다. 잡스는 허름한 차고에서 시작하여 세계에서 가장 가치 높은 기업으로 평가받는 애플을 만들어냈다. 지금의 내 기관이 작은 규모로 초라하다해도 스스로를 위대하게 만드는 힘, 바로 열정과 도전 정신으로 발전시키려는 의지를 가지고 살아가자고 말하고 싶다.

스티브 잡스를 다루고 있는 많은 책들은, 날카롭고 자극적인 커뮤니케이션 방식과 미래를 정확히 예측하는 능력과 함께 한

치의 오차도 허용하지 않는 정확한 일처리를 성공요인으로 보고 있다. 입양아로 자랐고 자신이 창업한 회사에서 쫓겨났다가 다시 돌아오는 역경을 겪으면서도 성공하여 세계적인 인물이 된 인생에는 주변의 비난을 무서워하지 마라, 열정을 가져라, 포기하지 마라, 절망하지 마라, 최선을 다하라, 실패를 두려워하지 마라…… 등의 삶의 원칙이 있었다.

유아교육기관의 인력들은 영유아를 좋아하는 여린 심성을 가지고 있기 때문에 독하고 치열하게 살아야 하는 환경을 견디지 못하는 경향이 있다. 교육청이나 구청의 담당공무원, 위탁체 권력자 혹은 내게 영향력을 행사하는 자와 맞지 않을 때 '이렇게까지 하면서 살아남아야 할까? 그만 두고 말지' 라는 생각을 하는 사람이 많다. 저자 역시 이런 생각을 한 적이 있다. 서울시보육정보센터와 어린이집 개소식을 위한 기획안을 작성할 때였다. 운영체인 서울시와 위탁체인 삼성의 성격이 판이했다. 고급 식기와 클래식 음악으로 신라호텔 연회 분위기를 내라는 삼성과 시루떡 한 가지를 차리고 전래동요를 틀자는 서울시 사이에서 7번의 수정과정을 거쳐 행사를 치뤄냈다. 고급스러운 은쟁반에 떡케익을 놓았고 실내에서는 클래식, 마당에는 동요를 트는 것으로 협의점을 찾았다. 양쪽을 설득해 결재를 받는 과정에서 여러 차례 사직하고 싶었지만 참아내고 해보았다.

그 이후 어떤 행사의 기획도 어렵지 않았다. 크고 작은 권력과의 갈등에 견딜 수 있는 내공도 원장에게는 필요하다.

8) 전두환

전두환의 리더십을 다루는 문제에 대해 망설였다. 광주 민주항쟁을 촉발시키고 처리하는 과정에서 민주화 발전에 역행했다는 결정적인 과오가 있고, 가진 것이 없다는 재산 공개 발언을 망언으로 보고 라디오나 텔레비전의 여러 프로그램에서 그 발언이 희화화되기도 하는 인물이기 때문이다. 그의 리더십을 본받자고 쓰는 게 옳을까 하는 생각이 들었지만 최근 목격한 장면이 선명하기 때문에 써야겠다 마음먹었다.

잠시 근무했던 직장이 그 설립의 기본 취지가 유아교육의 발전을 위한 초석이 되었던 곳으로 전두환 전 대통령의 부인이 시작해놓은 곳이었다. 기관 설립 30주년이 다가오는 시점에서 설립자 부부를 초대하는 행사가 있었다. 행사를 주최하는 기관에서는 외부인들의 반감이 있을지 모른다는 생각에 그들의 이름을 내세우지 못하고 '초대 회장님 부부를 환영합니다' 라는 현수막을 걸고 소심하게 준비했다. 하지만 부부는 여전히 당당한 카리스마적 분위기를 보여주고 있었는데 무엇보다 인상적이었던 사실은 제5공화국 시절 그를 추종했던 주요 인물들이 지금까지도 그를 '모시며' 대거 함께 왔다는 사실이다. 총 재산이 29만 원뿐이라고 말하는 과거의 상사를 위해 토요일 오전 모두가 뭉쳐 나타났다. 그것도 부부 동반으로.

이미 쇠락한 권력 앞에 여전히 충성을 유지할 수 있는 요인이 무엇인지 궁금했다. 그 당시의 모토였던 '안 되면 되게 하라' 가 아니라 '되는 사람을 찾아 맡긴다' 와 자신에게 충성하는 사람을 '평생 먹고 살 수 있게' 책임져 주는 의리가 리더십의 근간이 되었다고 한다.

오래 전에 고인이 되신 저자의 부친은 제5공화국 당시 교수생활을 하다가 발탁되어 장관급 공직을 가지고 제6공화국 시절까지 일을 하셨다. '어용 교수' 의 자녀 중 한 사람이었다는 이유로 민주화 투쟁에 몸 바친 친구들의 비난을 감수하고 살아야 했던 아픈 기억이 있다. 수혜자이자 피해자였던 저자에게 전두환은 의미 있는 인물이었기 때문에 무리가 있음을 알면서도 분석해 보았다. 아버지의 명예를 위해서도 적합한 인물을 찾아 업무를 맡겼다는 점을 긍정적으로 보고 싶다.

요즘 유아교육기관에 가보면 원장실에 업무분장표라는 것이 흔하게 게시되어 있다. 자신의 능력을 발휘할 수 있는 사람에게 적합한 업무를 분장해 주는 것이 바로 기관 경영의 핵심이다. 원장은 각 교직원의 능력과 성향에 따라 잘 할 수 있는 업무가 무엇인지 파악해야 한다. 적재적소에서 자신의 능력을 즐겁게 발휘하는 직장이야말로 모두가 신나게 일할 수 있는 곳이 된다.

9) 안철수

존경받는 리더에 목말라하던 우리 국민에게 혜성처럼 나타나 그가 정치를 해줬으면 좋겠다고 갈망하게 했던 안철수 교수. 그에게는 여러 호칭이 있어왔지만 저자는 교수라는 호칭이 가장 잘 어울린다 생각되기 때문에 주관적인 호칭으로 써보려 한다.

유명인들을 출연시켜 그들을 심층 분석했던 '무릎팍 도사'라는 프로그램에 출연하여 말했던 내용과 『CEO안철수 영혼이 있는 승부』(2011)라는 책에 밝혀져 있는 내용을 중심으로 그의 리더십을 살펴 보았다.

그는 리더십의 주요 요체를 신뢰로 보고 있다. 신뢰를 구성하는 요소로는 직원들을 이용하지 않는 마음이 직원들에게 전해지는 것, 직원들과 한 약속을 지키는 일, 리더가 능력을 갖추기 위해 스스로 노력하기, 신뢰하는 태도로 솔선수범하여 비슷한 성품의 사람들이 따르게 하기, 개인의 이익보다 조직의 이익을 선택하기, 사익보다는 공익을 추구하는 원칙과 일관성을 가지고 필요한 능력 갖추기, 품성과 능력을 파악하여 적합한 업무를 주는 가운데 발휘되는 커뮤니케이션 능력 등을 중요시 하고 있다.

저자가 다양한 직종의 일을 해오면서 만났던 리더들과 비교해 본다. 존경받지 못하던 리더는 겉에서 보기에는 화려했지만, 역시 커뮤니케이션 능력이 부족했고 적합한 능력을 갖추지 않았다. 자신에게 잘 하는 부하에게만 중책을 맡겼으며 모든 업무의 종결과정에는 사리사욕을 추구했다는 것을 전 직원이 알게 하였다. 리더로 살아가는 과정에 간과해서는 안 되는 문제가 부하의 충성도에 대한 현명한 판단이다.

연령이 많아질수록 자신 앞에서 좋은 말을 해주는 부하가 좋을 수 있다. 조직에 대한 개혁을 주장하고 쓴소리를 해대는 부하가 거슬릴 수 있지만 자신의 직장에 대한 애정의 표출이라는 관점으로 이해하고 귀기울여 줘야 한다. 반항이나 강력한 건의사항을 들으면 소화를 시키지 못하고 체할 것 같아 아예 귀를 막고 싶다고 말하는 원장을 만난 적이 있다. 거부하고 피하다 보면 모든 교직원을 앞에서만 아부하고 일은 열심히 하지 않는 사람들로 변신시키는 결과를 낳게 된다. 열린 마음과 냉철한 판단으로 모든 교직원과 교류하며 신뢰를 주는 원장이 되어야 한다.

10) 힐러리 클린턴 Hillary Diane Rodham Clinton

대부분의 원장들이 여성이라는 점을 감안하여 여성 지도자의 리더십을 살펴보았다. 그녀의 리더십이 빛을 발하게 하는 요인으로는 핵심을 명확하게 집는 연설, 효과적인 의사소통 능력, 뛰어난 위기 대처 능력이다.

핵심이 분명한 연설은 세계 여러 나라의 순방에서 행해진 행사에서 많은 사람들을 매료시켰다. 주장하고자 하는 바를 사람들이 좀더 명확히 인식하기를 원했기 때문에 연설 내용이 명료해야 했고 핵심이 있어야 했다. 백악관에 입성한 후에는 힐러리랜드라는 새로운 백악관의 하위문화를 만들어내며 독특한 기풍을 수립했다. 그곳에서 참모들과 방문하는 사람들이 격의 없이 어울릴 수 있었다. 남편인 빌 클린턴 못지않게 훌륭한 전문 지도자로서 국민들에게 각인되고 있었다. 1996년 재선 당시 빌 클린턴이 어려운 시기에 있었지만, 그녀의 조언과 솔직함을 무기로 한 인터뷰 등을 통해 남편에게 정치적 조언자로서의 역할을 톡톡히 해냈다고 보인다.

30여 년간 온전히 믿고 사랑하며 존경하며 살아온 남편의 성추문이 불거지며 전 세계에 알려지는 과정에서 배신에 대한 정신적 충격을 감당하기 힘들었겠지만 엄숙하고 담담한 표정으로 남편을 감싸고 보호하는 제스처를 보여주는 배포를 지녔다. 그때 보여준 모습은 리더의 현명한 위기대처능력으로 판단되었다.

그녀의 삶에 대한 글들을 보면 이러한 위기대처 능력뿐만 아니라 자신의 능력에 대한 자신감도 평범한 사람들과는 다른 것을 볼 수 있었다. 어느 소도시를 남편과 여행하면서 들른 주유소에서 기름을 넣어주는 주인이 대학시절 남자친구라는 사실을 발견하였다. 남편인 빌 클린턴이 '당신이 나를 만났기 때문에 영부인이 되었다. 저 사람과 결혼했으면 주유소 사장 부인으로 살았을 것이다' 라고 하자 단호하게 응수했다. 그랬다면 미국의 대통령은 빌 클린턴이 아니라 그 주유소 사장이었을 것이라고 말했다는 유명한 일화가 있다. 자신의 남편이 된 사람은 누구나 대통령으로 만들 수 있다는 자신감이 대단하지 않은가.

우리도 자신감을 가지고 정확한 의사소통을 하려고 노력하고 원에서 맞닥뜨리는 위기에 대해 과감하게 대처하는 자세를 본받아야 할 것 같다. 기관장이라면 작은 민원 때문에 건강을 잃을 만큼 고통스러워 하거나, 속 썩이는 교직원의 모습에 상처받고 휘청거릴 것이 아니라 경영과정 중에 맞닥뜨릴 수 있는 일이라는 생각으로 현명하게 대처하여 해결해나가는 배포를 갖도록 해보자.

▶ 여러 인물들의 리더십을 살펴본 결과 다음과 같은 부분에서 공통점을 갖는다.

- 미래를 예견하는 능력
- 조직원과 가치를 공유할 수 있게 하는 정확한 방침
- 유능한 인재 영입
- 능력에 적합한 업무 분장
- 조직 관리에서 보여주는 사랑과 신뢰
- 자유로운 의견 제시와 경청
- 원칙과 기준에 따른 보상

▶ 리더로서의 나는 위의 어떤 강점을 가지고 있으며 보완할 점은 무엇인지 적어보자.

에필로그

유아교육이라는 전공 하나를 가지고 많은 일을 해보면서 살아오는 동안, 어떤 일을 할 때도 힘과 위로를 주는 것은 책에서 만나던 명언과 글쓰기라는 작업이었다. 읽고 쓰는 일은 즐거움과 스트레스 해소를 동시에 가져다 준다. 책이라는 결과물로 작업이 끝날 때 그 희열은 어떤 일을 할 때보다 커다랗다.

살아가야하는 길은 자신이 계획한다고 해서 그대로 놓여지지 않는다는 것을 알게 되는 나이. 치열하게 일하던 현장과 실적들은 이 일을 하기 위해 돌아온 머나먼 길이었을까? 여러 현장의 경험을 녹여내는 작업으로서의, 지금의 글쓰기가 행복하다. 그동안 쓰고 싶어 하던 목록을 놓고 어떤 주제부터 써야 할까 우선순위를 정하는 일에 오늘도 망설인다.

그다지 긴 시간을 머무른 것도 아니었지만 원장의 일은 어떤 직책에서의 과업보다 많은 노력을 요구했다. 다양한 일과 여러 연령대의 사람과 맞닥뜨려 해결할 일이 많았다. 아픈 만큼 성숙해진다는 말이 이 경우에도 맞는 것 같다. 일하면서 크고 작은 위기를 느낄 때 위로가 되었던 글들이 더 많았고 본문에 녹아들어 있다. 원장으로서의 하루는 정말 바쁘고 번잡했다. 다른 일을 할 때보다 시간이 여의치 않을 때 읽고 감동받았던 글들은 더 소중하게 느껴졌고 더 많은 글을 쓰게 만드는 원동력이 되었다.

> "운명은 적극적으로 행동하는 사람을 선호한다고 말한다. 운명이 어떤 방향을 제시한다고 믿어질 때 모든 에너지를 쏟아 부어 그 길에 매진하라"

이탈리아의 정치가이자 역사학자로 군주론, 정략론으로 유명한 마키아벨리Nicolaus Machiavelli(1469-1527)의 말이다.

> "성공이란 자신이 한 때 존재함으로 단 한 사람의 인생이라도 행복해지는 것. 진정한 성공은 나이들수록 사랑하는 사람이 늘어나는 것"

『산을 타듯 혁신하라』의 저자 송인회(극동건설 대표이사 회장)의 책에서 옮긴 글이다.

유사한 의미는 『성공하는 기업들의 8가지 습관(원제 : Built to last)』의 저자 짐 콜린스Jim Collins의 글에도 있다.

> "성공이란 나이가 들수록 가족과 주변사람들이 점점 더 나를 좋아 하는 것이다"

이들의 메시지는 적극적으로 살라는 것과 인간관계를 잘 맺어가라는 가르침을 준다. 이 책의 강조점인 혜안, 성품, 실력을 토대로 원장이 성공하는 방법을 알려주고 있다. 미리 공부하고 세상살이에 적용했다면 살아오면서 내 자신의 과오와 세련되지 못한 소통법으로 사람을 잃은 경험은 하지 않아도 되었을 것이라는 아쉬움이 남는다.

처음에는 리더십 이론과 인물 탐구를 중심으로 원장의 자기관리에 강조점을 두고 집필을 시작했다. 자료를 분석하고 반영하는 가운데 경영과정의 어떤 분야보다도 인간관계를 잘 맺는 인사관리가 핵심이라는 생각이 더 확고해졌다. 교직원의 채용과 관리를 첨가해 목차를 구성하고 순서를 변경해가며 완성하였다.

인간관계를 잘 맺기 위해 노력한 결과로 '원장님은 저의 롤모델입니다, 함께 일하는 것은 축복입니다. 성장을 거듭하여 당신을 닮고 싶습니다' 라는 말을 들으면 더 이상 바랄 것이 없겠다는 결론을 내렸다. 원장 리더십을 강의하면서 '원더걸스의 텔미' 를 소재로 한 영상들을 함께 보곤 한다. 커다란 닭 한 마리와 그 닭을 둘러싼 여러 닭들의 댄스가 경쾌해서 강의장의 분위기를 활기차게 해줬고, 교사들에게서 이러한 노래를 헌정받고 행복해하는 원장의 모습이 그려져 있는 것 같아 다같이 즐거워진다.

> 너도 날 좋아할 줄 몰랐어 어쩌면 좋아 너무나 좋아…… 니가 날 사랑한다니 어머 다시 한번 말해 봐…… 텔미 텔미 테테테테테 텔미 나를 사랑한다고…… 내가 필요하다고 말해 말해 줘요…… 텔미 텔미 테테테테테 텔미 내가 필요하다고 말해 말해 줘요……

나를 따르면서 성장하는 교직원들을 바라보는 것이 곧 원장의 성장이 아닐까? 원장과 교직원이 자신의 직업 내에서 지속적으로 성장할 때 업무의 피로도도 줄어든다고 본다. 상생相生의 원리가 바로 이것일 것이다.

리더십에는 정답이 없다. 하지만 내 분야에서 믿고 따르는 자들이 있다면 어느 정도는 성공한 인생을 살고 있다고 본다. 많은 원장들은 이러한 측면에서 성공한 인생을 살고 있다고 자신을 평가하며 보다 긍정적이고 적극적으로 살아갈 것이다.

긍정적이고 적극적으로 살아가리라 마음먹지만 예고 없는 교사의 결근, 문제를 일으키는 학부모, 영유아의 응급상황과 같은 현실적인 문제에서 여유로울 수 없다. 늘 그러한 위험에 노출되어 있는 직장이라 해도, 분노를 해결하는 과정에서 긍정적이고 이성적으로 유머감각을 가지고 대처했을 때 다른 교직원들에게는 희망적인 운영자의 모델이 되어줄 수 있다.

CTS(Christian Television System)에서 일할 때 〈영유아가 나라의 미래다〉라는 프로그램의 제작 책임을 맡은 적이 있다. 명사의 유년시절을 취재하기 위해 우리 사회에서 존경받는 각 분야의 명사를 찾아 다녔다. 인터뷰를 따다가 부모들에게 도움이 되는 내용으로 구성하던 프로그램이었다. 그때 만났던 사람들은 교수그룹을 제외하고 담임목사이거나 기업 회장이 대부분이었기 때문에 리더로서 존경받는 모습도 함께 관찰해 볼 수 있었다. 큰 사람이라는 느낌과 함께 어떤 상황에서도 이성적인 태도와 유머감각을 잃지 않았던 사람이 대부분이었다. 많은 일과 사람들 속에서 번잡하게 살아갈수록 이러한 모습은 더 본받고 싶었다.

원장은 기관 내의 다른 직책과 달리 같은 일을 하면서도 경영자 혹은 책임자라는 이유로 고립감을 느낄 수도 있기 때문에 교직원들과 함께 새로운 아이디어를 시도해 보고 서로 격려하는 기회들이 필요하다. 서류를 보고 결재만 하는 원장이라면, 원 내외의 다른 사람들과 상호작용을 피하지 말고 대화하면서 일과

중의 많은 시간을 보내야 한다. 독선적인 판단 없이 타인의 감정을 존중하면서 영유아, 교직원, 학부모, 건물을 보수하는 인력, 지역사회의 사람들, 주변의 영유아교육기관 원장들과 편견없이 대화할 것을 권한다.

교육현장에 대해 논할 때 "프로그램의 질은 교사의 질을 넘어설 수 없다"라는 말을 흔히 듣는다. 아울러 교사의 질은 그들의 리더인 원장의 질을 넘어설 수 없다는 사실도 인정해야 한다. 자신의 기관이 좋은 기관으로 인정받고 기관 내의 모든 일들이 조화롭게 진행되기 위해 원장은 자신의 책임감을 확인하고 주의를 요하는 사항들을 살펴볼 필요가 있다.

기관에서 함께 생활하는 사람들이 좋은 장소로 느끼거나 편하지 않은 장소로 느끼는 것은 구체적이고 단편적인 이유보다는 느낌이나 분위기인 경우가 많다. 느낌이나 분위기를 만드는 많은 구성요소들이 기관을 환영받는 장소인지 기분 나쁘게 하는 장소인지 결정한다. 교직원들이 가지고 있는 태도, 신뢰, 가치, 인격들이 전반적인 환경에 기여하며 그 모든 부분들을 조화롭게 만들어가는 것은 원장의 능력에 달려 있다. 모든 부분들을 조화롭게 만들어가는 과정에서 원장은 자신을 점검해 봐야 하다. 이 책의 본문에 제공된 여러 질문을 통해 자신에 대해 사유해가는 과정과 아울러 평가할 수 있는 항목들을 스스로 만들어 보면서 경영자로서의 능력을 발전시켜 나가기를 바란다.

바람직한 리더십을 발휘하여 믿고 따르는 교직원들과 '늘 행복한' 원장이 되기 바란다. 원아와 그 부모, 지역사회 사람들에게 존경받으며 '늘 감사하는' 원장이 되기 바란다. 개그 프로그램의 한 꼭지에서 세 청년이 춤을 추며 불러주던 '감사합니다' 노래를 흥얼거리면서 살아가는 원장이 되기 바란다.

감사합니다. 영어로 '땡큐', 중국어 '쒜쒜', 일본어는 '아리가또' 라고 하지요. 감사합니다♪.

끝까지 읽어주셔서, 고맙습니다.

영유아교육경영연구소 김 혜 경 올림

참 / 고 / 문 / 헌

게리 R. 콜린스 저, 최예자 옮김(2001). 파워 리더. 프리셉트.

고동섭(2001). 유아교육과 신입생의 특성. 이화여자대학교 대학원 석사학위논문.

구은미(2007). 보육교사의 건강증진을 위한 생활양식과 직무스트레스. 한국생활과학지, 16(4).

김성재 · 조형숙(2006). 유치원 교사의 건강지각 및 건강 증진 생활양식에 관한 연구. 미래유아교육학회지, 13(4).

김정아(2012). 어린이집 교사가 지각한 주임교사의 리더십이 교사의 임파워먼트와 조직몰입에 미치는 영향. 건국대학교 교육대학원 석사학위논문.

김정희(2009). 유아교육기관 원장의 리더십과 조직효과성에 대한 교사 임파워먼트의 매개효과. 생태유아교육연구, 8(2), 187-209.

김주희(2006). 변화하는 여자, 주목받는 여자들을 위한 매너 백서. 북

폴리오.

김지영(2010). 보육교사의 정서 노동에 관한 연구. 이화여자대학교 대학원 논문.

김혜경(2006). 영유아교육기관경영. 창지사.

______(2009). 영유아음악활동의 이해. 공동체.

______(2010). 교구교재연구 및 지도법. 공동체.

______(2010). 영유아프로그램개발과 평가. 창지사.

______(2012). 유아교사를 위한 교직의 이해. 창지사.

______(2012). 어린이집 개원하기. 공동체.

바이취엔젠(2007). 삶을 맛있게 요리하는 인간관계 레시피. 새론북스.

_________(2010). 성공하고 싶을 때 일하기 싫을 때 읽는 책. 새론북스.

박수진(2009). 유치원 교사의 교직윤리의식과 역할수행정도에 관한 연구. 덕성여자대학교 대학원 논문.

박은혜(2003). 유아교사론. 창지사.

박현모(2008). 세종처럼. 미다스북스.

박현주(2011). 유아교사의 성격유형과 배경변인에 따른 조직몰입 수준 비교. 건국대학교 대학원 석사학위논문.

브라이언 트레이시 저, 이진구 역 옮김(2011). 혼자 힘으로 부자가 된 사람들의 21가지 성공비밀. 아이프랜드.

송인회(2007). 산을 타듯 혁신하라. 범우사.

신완선(2002). 컬러 리더십. 더난출판사.

양창삼(2003). 리더십과 기업경영. 경문사.

안철수(2011). CEO안철수 영혼이 있는 승부. 김영사.

이경민(2002). 유치원 교사의 생애에 대한 기초연구. 유아교육연구, 22(3), 95-114.

이소희(2009). 유아리더십 교육의 이론과 실제. 창지사.

이소희 · 강경자 · 김주화(2004). 4RL 모델에 기반한 유아교육 기관장 리더십의 평가척도 개발연구, 9(2), 75-93.

이은화 · 배소연 · 조부경(1995). 유아교사론. 양서원.

염지숙 · 조형숙 · 이춘자 · 조운주 · 고영미 · 이현경(2011). "유아교사교육". 다양성과 통섭을 위한 한국유아교육의 실천. 한국유아교육학회.

윤순옥(2010). 유아교사의 임파워먼트와 직무만족에 관한 연구. 경남대학교 교육대학원 논문.

월터 아이작슨 저, 안진환 옮김(2011). 스티브 잡스. 민음사.

정명자(2008). 보육교사의 직무만족에 관한 연구. 인제대학교 대학원 논문.

정희남 · 임재택(2008). "유아교사의 생활양식과 건강상태에 관한 연구". 영유아보육연구, 제14집.

짐 콜린스 저, 워튼 포롬 옮김(2002). 성공하는 기업의 8가지 습관. 김영사.

카네기스쿨(2011). "새 입시전략에 맞춘 자녀를 위한 카네기식 코칭법". 방산중학교 학부모 교육 자료.

케네스 지글러 저, 정경옥 옮김(2008). 억대 연봉자는 업무습관부터 다르다. 명진출판.

하동석(2010). 이해하기 쉽게 쓴 행정학 용어. 새정보미디어.

황혜미(2010). "성공적인 직장생활". 아이코리아 장학요원 연수교재.

Allen, N. J., & Mayer, J. P.(1990). The measurement and antecedents of affective, continuance and normative commitment. Journal of Occupational Psychology, 63(1), 1-18.

Bass, B. M.(1985). Leadership and performance beyond expectation. NY : Free Press.

Bennis, W. G., & Nanus, B.(1985). Leaders : The strategies for taking charge. New York : Harper & Row.

Blase, J., & Blase, J. R.(1994). Empowering Teachers What Successful Principals Do. Thousand Oaks, CA : Corwin press, Inc.

Boulding, Hirschfeld, Gerhard, Kenneth(2008). The people. Transaction Pub.

Bowman, B. T., & Kagan, S. L.(1997). Leadership in early care and education : issues and challenges. in Kagan, S. L., & Bowman, B. T.(Eds.), Leadership in early care and education, pp.3~8. Washington, DC. : National Association for the Education of Young Children.

Conger, J. A., & Kanungo, R. N.(1988). The empowerment process : Integrating theory and practice. Academy of Management Review, 13(3), 471-482.

D. Katz, & R. L. Kahn(1978). The social psychology of organization. New York : John wiley & Sons, Inc.

Dunham, J., & Klafehen, K.(1990). Transformational leadership and the nurse executive. Journal of Nursing Administration, 20(4), 28-34.

Garmin, N. B.(1989). Reflection, the Heart of Clinical Supervision. Journal Curriculum and Supervision, 2(Fall).

Giroux, H. A.(1994). Teacher, pupil life, and curriculum reform. Peabody Journal of Education, 69(3), 35–47.

Gorrell, J., & Hwang, Y. S.(1995). A study of efficacy beliefs among preservice teachers in Korea. Journal of Research and Development in Education, 28(2), 101-105.

Henderson, J. G.(1992). Curriculum discourse and the question of empowerment. Theory Into Practice, 31(3), 204-381.

Houser, N. O.(1990). Teacher-researcher : The synthesis of roles for teacher empowerment. Action in Thecher Education, 12(2), 55-60.

Meyer, J., & Allen, N.(1991). A three-component conceptualization of organizational commitment. Human Resource Management Review, 1, 61-89.

kinlaw. D. C.(1995). The practice of empowerment. Hampshire, England : Gower.

Kreis, K., & Brockopp, D. Y.(1986). Autonomy : A Component of Teacher Job Satisfaction. Education, 107(1), 110-115.

Lightfoot, S. L.(1986). On Goodness in Schools : Themes of Empowerment Peabody. Journal of Education, 63(3), 9-28.

Maeroff, G. I.(1988). The Empowerment of Teachers : Overcome the Crisis of Confidence. New York : Columbia University, Teachers College Press.

Mathieu, J. E., & Zajac, D. M.(1990). A review and meta-analysis of the antecedents, correlates, and consequences of organizational commitment. Psychological Bulletin, 108, 171-194.

McBride, M., & Skau, K. G.(1995). Trust, empowerment, and reflection : Essentials of supervision. Journal of Curriculum and Supervition, 10(3), 262-277.

Michael, D. Mumford 저, 김정희 옮김(2011). 리더십 101. 시그마 프레스.

Melenyzer, B. J.(1990). Teacher Empowerment : The Disclourse, Meanings and Social Action of Teachers. ED327496.

Mowday, R., Steers, R., & Porter, L.(1979). The measurement of Organizational Commitment. Jornal of Vocational Behavior.

O'Reilly, C. A., & Chatman, J.(1986). Oranizational commitment and psychological attachment : The effects of compliance, identification, and internationalization on prosocial behavior. Journal of Applied Psychology, 71(3), 492-499.

Owens, R. G.(Eds.).(1998). Organizational Behavior in Education. MA : Allyn and Bacon.

Raim, M. Afzalur(1983). Current Topics in management. Transaction Pub.

________________(1992). Managing conflict in organizations. Praegerpublishers.

Short, M. D.(1994). Defining Teacher Empowerment. Education, Vol. 114, No. 4.

Short, Paula., M. & Jam Rinehart(1992). School participant empowermrnt scale : Assessment of level of empowerment of level of empowerment within school environment. Educational and Psychological Measurement, 52, 951-960.

Singh, J.(2000). Performance productivity and quality of frontline employees in service organizations. Journal of Marketing, 64(4), 15-34.

Sizer, T. R.(1992). Horace's compromise : The dilemma of the American high school. New York, Houghton Mifflin Company.

Spodek, B.(1973). Early Childhood Education. Englewood Cliffs, NY : Prentice Hall Inc, 74.

Spreizer, G. M.(1995). Psychological empowerment in the workplace : Dimensions, measurement, and validation. Academy of Management Journal, 38(5), 1442-1465.

Spreizer, G. M., Kizilos, M. A., & Nason. S. W.(1997). A dimensional analysis of the relationship between psychological empowerment and effectiveness, satisfaction and strain. Journal of Management, 23, 679-704.

Thomas, K. W., & Valthouse, B. A.(1990). Cognitive elements of empowerment : An interpretive model of intrinsic task motivation. Academy of Management Review, 14(4), 666-681.

Tsai(1990). A survey study of Chinese kindergarten teacher concerns. University of Illinois(보육자격관리사무국. 보육인. 2009. 12. 재인용).

Vogt, N. M., & Murrell, K. L.(1990). Empowerment in Organizations : How to speak Exceptional Performance. Pfeffer & Company.

Vroom, Victor, H.(1994). Work and Motivation. Jossey-Bass.

Weiler, K.(1988). Women Teaching for Change. Mass : Bergin and Garvey.

White, P. A.(1992). Teacher Empowerment Under "ideal" School-site Autonomy. Educational Evaluation and Policy Analysis, 14(1), 69-82.

Yukl, G. A.(1989). Leadership in organizations(2nd ed.). Englewood Cliffs, NJ : Prentice-Hall.

〈참고 사이트〉

네이버

다음

보건복지부

서울특별시교육청

알기 쉬운 생활 법령

연세대학교 아동가족학과

영유아교육경영연구소

이화여자대학교 유아교육과

양광모의 푸른 고래를 찾아서

좋은교사되기운동

한국고용정보원

한국보육진흥원

저/자/약/력

■ **김혜경**

건국대학교 교육대학원 겸임교수
영유아교육경영연구소장(www.kidsnme.org)

〈최근 주요 저서 및 연구〉
어린이집 개원하기(공동체, 2012)
부모교육 칼럼(공동체, 2012)
유아교사를 위한 교직의 이해(창지사, 2011)
영유아교육기관 운영관리(창지사, 2011)
교구교재연구 및 지도법(공동체, 2010)
멘토 부모(경향미디어, 2010)
영유아프로그램 개발과 평가(창지사, 2010)
영유아음악교육(창지사, 2009)
영유아음악활동의 이해(공동체, 2009)
"유아대상 도박중독예방교육프로그램 운영"(사행산업통합감독위원회, 2010)

원장 리더십
- 영유아교육기관장의 자기경영 -

| 저자 | 김혜경

| 1판 1쇄 발행 | 2012년 4월 15일
| 1판 2쇄 발행 | 2014년 3월 10일
| 발행인 | 김동훈
| 펴낸곳 | **공동체**

| 주소 | 410-704 경기도 고양시 일산동구 호수로 358-39, 동문타워 I 905호(백석동)
| 전화 | 031)920-8305(대표)
| 팩스 | 031)920-8308
| 전자우편 | compub@naver.com
| 출판등록 | 2005년 10월 6일
| 등록번호 | 제396-2005-36호

| ISBN | 978-89-6352-337-8
정가 15,000원